暮らしを建てる

ベガハウスの家づくり

はじめに

ベガハウスは、鹿児島を拠点に注文住宅を手がけている工務店です。どういう家づくりをしているのか、知って欲しいと思い、本をつくることにしました。

この本のタイトルである「暮らしを建てる」とは、私たちが考える家づくりの在り方です。日本語としてはおかしいかもしれませんが、家という建築物をただ建てるのではなく、そこに住まう家族ひとりひとりの暮らしを建てていきたいという考えからです。そして、そこには目指す3つの家があります。

1つ目は、「時をためる家」。映画『人生フルーツ』で知られる建築家・津端修一さんと英子さんご夫婦の著書『ときをためる暮らし』の中で語られていた「ときをためる」という表現にとても共感しました。床や壁の経年変化だったり、家族の思い出が増えていったり、また、日常のほんの些細なことでも――例えば庭に梅の木があって梅酒や梅シロップをつくったり。そういう月日を重ね、ためていける家です。

2つ目は、「喜怒哀楽を包み込む家」。誰にとっても人生は、楽しい時ばかりではありません。大切な人との別れがあったり、仕事でつらいことがあったり。子どもだって友達とケンカしたり、受験に落ちたり様々な負けを経験したり。そういう家族の悲しい時間やつらい時間をも包み込める家です。

3つ目は、「余白のある家」。設計手法として間取りなどに余白を持たせることは必要ですが、ここでいう余白はそういう物理的なものではありません。つくり手の意図を超えた、幸運を引き寄せる余白、といったらいいでしょうか。計算し尽くされガチガチにつくり込まれた家には、暮らしやすさの先にある豊かさは生まれてこないように思います。例えば、庭に巣箱をつくったら思いがけない鳥がやってきて、たまたま種を落としていっていつの間にか新たな草木が生えていたり。暮らしを楽しむ中で、住み手も予期してなかったようなラッキーな偶然が舞い込んでくる、そんな余白のある家です。

このような家を目指して建てた12軒＋カフェ1軒をご紹介しましょう。より深くリアルに伝えたいと考え、竣工直後ではなく、住み始めて数年以降に撮影・取材させていただきました。住まい手の生の声と暮らし振りを通して、みなさんの暮らしや家づくりに役立てていただけたら幸いです。

ベガハウス代表　大迫 学

目次

西陵《せいりょう》の家

読書好き家族の中心は、書架のあるリビング。兼ねられる空間と中庭で、必要十分な平屋。

大きな本棚のあるリビング・ダイニング。食事や団らんはもちろん、勉強や仕事もここで。左はご主人の机。

中庭が絶妙な距離感を生む、
離れのような子ども部屋。

右／中庭に面した畳リビング。
向こう側は子ども部屋。
天井までの大きな開口部で光を取り込みながら、
プライベートはしっかり確保されている。
左上／さりげなく生けられた庭先の花。
四季折々の植栽を日々楽しんでいる様子が伝わってくる。
左下／「古い物や焼き物が好きなんです」と奥様。
飾るだけでなく、日常使いしている。
手洗いするので「食洗機は入れませんでした」。

上／それぞれの気配を感じながら、思い思いに過ごす。家族の程よい距離感をもたらすおおらかな空間。
左／畳リビングは、和室、客間を兼ねる万能のスペース。着物を着たり、ご両親が来た時は布団を敷いてここに泊まられるそう。

腰掛けのあるハシゴは、座ったままで左右に移動が可能。本を探しながら読むことができたり、本の片付けにも便利。

inside story

真鍮の落下防止バー &階段固定棒

高所の大きい本棚ということもあり、スタッフ間で検討し、地震対策用に落下防止バーを取り付けた。目立たず最小限の大きさで強度が出るよう真鍮のバーとした（写真／下左）。孔に差し込むだけなので、掃除の際には取り外せる。「サイズの違う本を揃えるのにも役立ってます」とご主人。また、スライドする階段を固定する木の棒も用意。使わない時はマグネットで棚に付けておける（写真／下右）。見た目と機能の両立に、とことんこだわったディテールだ。

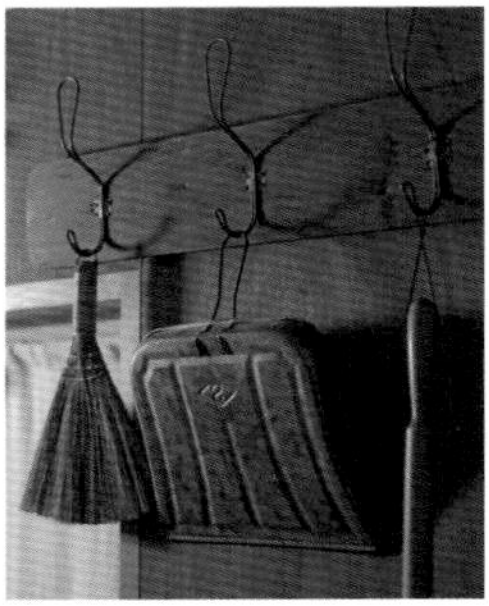

右／玄関の正面にある、中庭に面した窓。入ってすぐ、視線が庭に抜けていく。
上／ちょっとした道具にも、暮らしを慈しむ奥様の美意識が感じられてくる。

予想を上回る「本棚」

建て込んでいる住宅街の奥まった高台に位置する「西陵の家」。ご夫婦とお子さん2人の4人家族です。ご主人がまず一番に要望されたのは、大きな本棚。家族全員が本好きなので、家族が集まるリビングにたくさんの本が収納できる大きな本棚が欲しい、と。

「表紙をディスプレイできるようにしたい、照明が欲しい、ハシゴも欲しいけど床を傷つけないものに、といった希望を伝えました。棚の寸法も効率よく収納できるように考えたんです」とご主人。その要望を叶えると共にベガハウスが提案したのが、腰掛け付きのハシゴ。本を探しながら座って読めて、座ったまま移動も可能というオリジナルの設計です。

「片付けの時も本を台に置いて上り下りできるので、安全で便利。予測を上回る提案でした」と満足そうなご主人。
「家にいる時は、みんなほとんどここ（リビング・ダイニング）にいますね。子どもたちの宿題もここ。主人の机もここ」と奥様。「前の家では書斎はありましたが使いませんでした。それに、ひとりは寂しいので（笑）、みんなと一緒の場所につくってもらいました」（ご主人）。

開口を抑えて
重心を落とした、
安らぎの空間。

寝室。高さを抑えて横長に開けた窓は、
密集地にあるこの家で唯一、視線が遠くまで通る。
朝はここから射す日で目覚める。

上／瀟洒《しょうしゃ》な佇まい。住宅が建て込む密集地だが、外からは開放的な内部はうかがい知れない。
左／中庭は四季を楽しめる植栽に。建物は庭をコの字型に囲むように建つ。

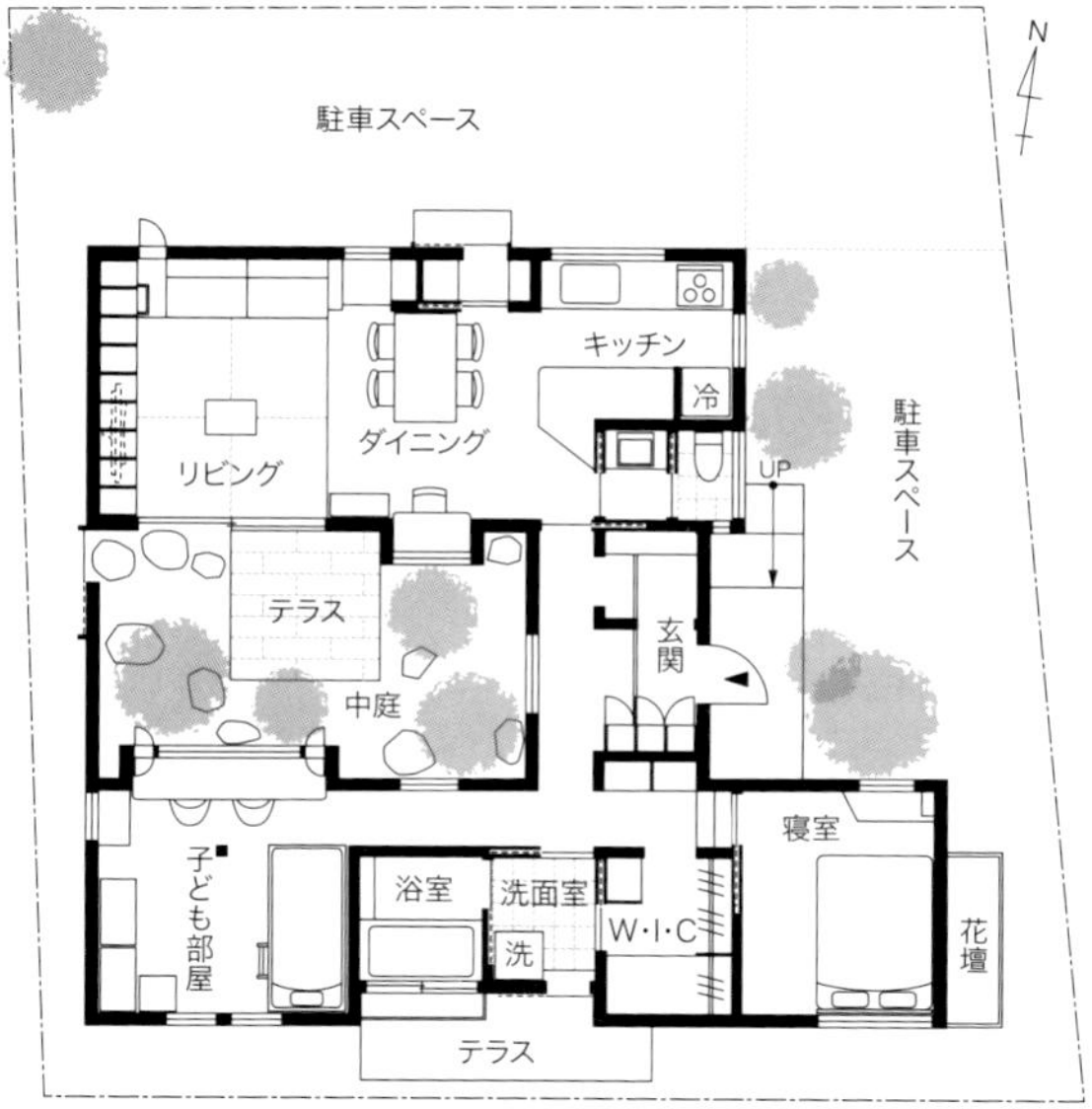

<DATA>
[西陵の家]
竣工／2017年
家族構成／夫婦+子ども2人
敷地面積／205.68m²
建築面積／80.94m²
延床面積／76.27m²
●主な仕上げ
屋根／ガルバリウム鋼板
外壁／シラス左官仕上げ
天井／珪藻土壁紙、ラワン材
内壁／珪藻土壁紙
床／カラマツ材、畳

平屋に中庭で、コンパクトにのびのびと

中庭のある平屋は、ご夫婦の要望でした。

「子ども達はいずれ出て行くでしょ。だからここはパパとママの家よって（笑）。年を取れば2階に上がるのも面倒になるし、コンパクトな家が望みでした。畳リビングにしたことで省スペースにもなりましたね。着付けもできるし、客間にもなります」（奥様）。

中庭の効果も絶大でした。一般的に密集地や狭小地での平屋は、日当たりや通風、プラバシーの確保が難しいのですが、この家では中庭によってそれらがきちんと得られています。

「帰ってきて玄関を開けるとすぐ中庭が見えて、それがとてもいいんです。密集地だけど、家に入ると別世界。近隣の視線が気にならないので、夜でもカーテンは開けたままです。家を建てる時は、どこかに妥協が必要と覚悟していましたが、希望はすべて叶って妥協はありませんでした」。

そう話す奥様の向こうには、畳の上でリフティングに熱中する息子さん、ソファで本を読んでいる娘さん、机に向かっているご主人。家族4人が思い思いに過ごしながらも時間を共有できる、とびきりの空間が広がっていました。

コラム　ベガハウスの家づくり　代表・大迫学が語る

1　ベガハウスの基本にあること

家づくりには、考えなければならないことや選択肢がたくさん待ち構えています。それらを前にした時、ついつい目先のことに気を取られてしまいがちなのですが、実はその手前でしっかりと考えておかなければならないことがあります。そして、その根本さえ押さえておけば、完成までの道は長く辛いものではなくなり、むしろ楽しい道程となるでしょう。

その方法はとてもシンプル。ずばり「ぶれない軸を持つ」ということです。何を判断基準とするか、それがはっきりしていれば、あちこち道に迷ったり見失ったりせずに、望む家にたどり着くことができるのです。では、その軸とは何なのでしょうか？　どうすればぶれない軸を持てるのでしょうか？　それをこのコラムでお話していきたいと思います。

設備や機器類など、技術の進歩や社会の変化で3年後、5年後には選択肢が変わっているかもしれない事柄や、その家族によって変わってくることは、実際の家づくりで行っていくこととして、ここではベガハウスが大切にしている家づくりの基本的な考え方をお伝えしていきましょう。

Vega's suggestion

家づくりに
おいて基準となる
「ぶれない軸」を
持ちましょう。

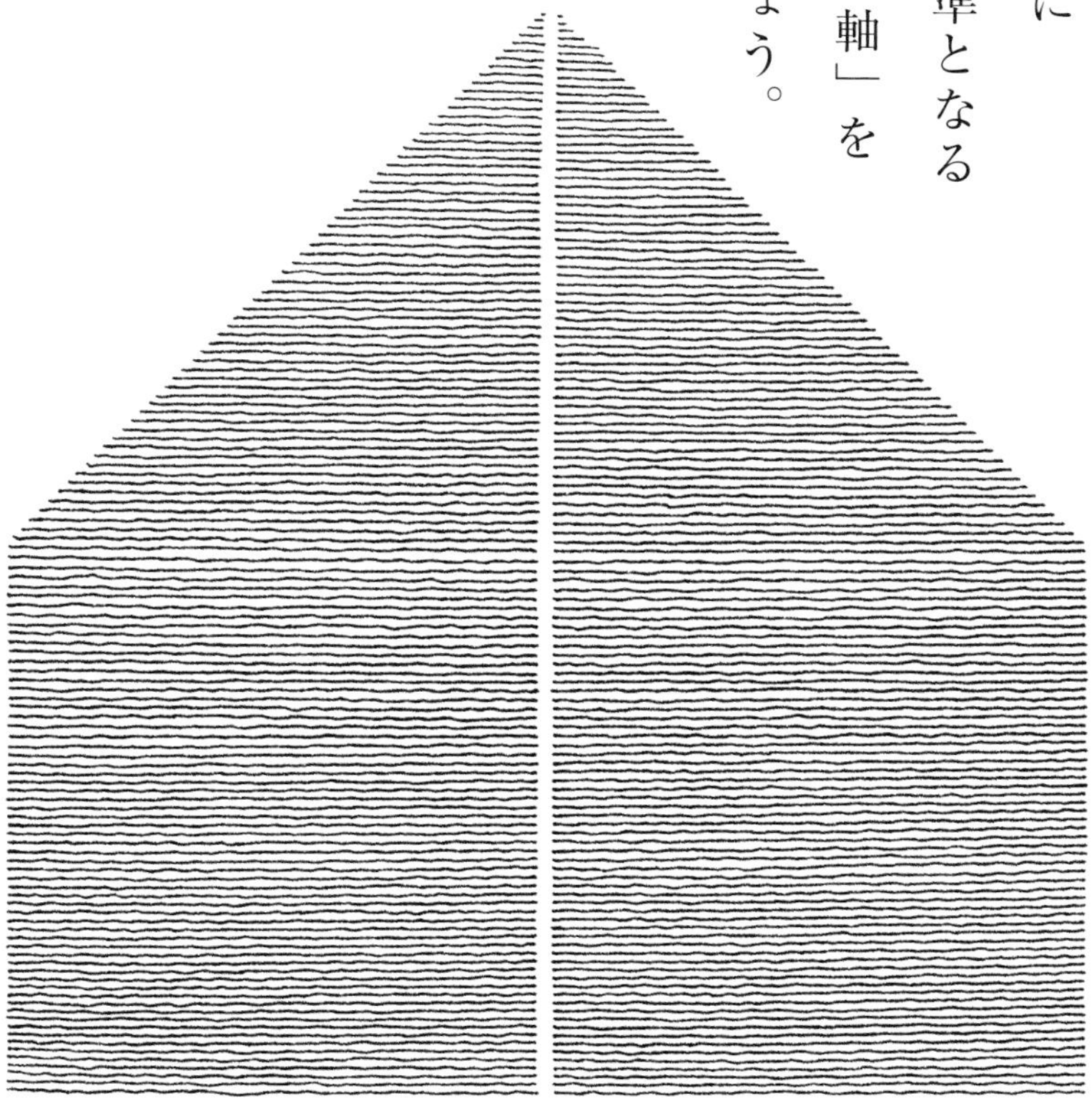

桜ヶ丘の家

細部まで、暮らしを
見すえた要望を実現。
桜島を見晴らす家。

桜島を正面に据えるリビング。
この風景のために2階リビングとし、
腰高窓でフレーミング。
建具はすべて引き込める。

鹿児島のシンボルを、
いつもすぐそばに
感じられる豊かさ。

右／収納とソファは、空間に合わせて造作。
床は、ごろごろできるよう畳に。
上／桜島が一望できる。風景画のような
眺めに少しだけ掛かる庭木が、
時折、風で揺れるのがまたいい。
この風景を絵に見立て、窓の下には
「oretachi no soul SAKURAJIMA」
と記した真鍮のプレートがある。

食事中も桜島が見えるよう、ダイニングにも窓を。みんなが外を覗けるように、テーブルはキッチン側をすぼませた台形に造作した。

桜島を見るための空間デザイン

なんとも素晴らしい景色です。東に桜島を一望する「桜ヶ丘の家」は、家中の居室から桜島を愛でることができます。朝5時前には起きるという奥様は「日の出前の朝焼けがものすごくきれいなんです。その朝焼けから次男の名前をつけたくらい」と話します。土地探しに2年かかったというご夫婦が、この高台の土地に決めたのは、ベガハウス・スタッフの桜島が見える家を見学したからだそう。お二人の職場もすぐそばという好立地でした。

設計のポイントは、どこにいても桜島が正面に見えること。2階にリビングを設け、まずソファが特等席、次にダイニング、そしてリビングから60㎝上げた和室からも眺められます。和室の壁には背もたれを取り付けて、窓が額縁に感じられるような見え方をねらいました。リビングの腰高窓を通してみえる風景は、まさに一幅の絵。桜島を背景に、ほんの少し覗く庭木が時折、風でゆらいでいます。実はその木、植栽の時に、入れるか入れないかで議論になっていました。

「当時は、なんでこの風景に木がかぶっているのって思いました。でも、暮らしてみてわかりました。あってよかった」（奥様）。手前に枝葉が見えなければ、本当に絵のよう。でも、少し見えるだけで遠近感、リアル感が出て、風も感じることができる。そういう効果があったのですね。

キッチン収納も要望をしっかり実現。特に左のカウンターは、収納するものと使い勝手から細かくサイズやつくりを検討した。

リビングより60㎝上がった和室からの眺め。子どもたちはソファをよじ上って和室へ。

和室は舟底天井。空間を広く感じさせ、光をやわらかく反射する。右下は、壁に取り付けた背当て。寄り掛かって、窓からの風景を味わえる。

美しく、気持ちよく暮らしたい

眺望を活かすため2階にLDKと水回りをおき、1階には寝室と子ども部屋、そして広い玄関土間とそこから続くテラス、デッキを設けました。子ども部屋は、いずれ2部屋に分けることも可能に。寝室は和室にして、玄関土間から直接入れる客間としても使えるようになっています。畳なら部屋をいろいろな用途に使えるから、とご夫婦の要望でもありました。

玄関土間を広くしたのも、ご主人の趣味の自転車のスペースが欲しいという要望から。自転車置き場としてはもちろん、メンテナンスの場、また雨の日でも漕げる場としても考えられています。「桜島を見ながらやりたい、という希望も叶えてもらいました」とご主人。玄関を入ると正面に桜島が見えます。

要望はすべて叶ったとご夫婦。「収納もものすごく細かいところまで、たくさん要望を出してつくってもらったので」、足りないところはないといいます。それもすべて、「楽に美しく、気持ちよく暮らしたいから。かっこ悪いのはいやだよね」と笑顔のお二人でした。この家で暮らすようになって、テレビをあまり付けなくなったそうです。

上・左／1階、玄関。階段までの空間を活かして、家族の写真などを飾るギャラリーに。

楽でかっこよく。
いろいろ使える自由さも大切に。

右上／玄関土間から直接出入りできる和室。土間側は壁をアールにして茶室のように。客間としても使える。

右下／玄関土間。入ると正面には桜島が。先はテラスで、左に和室のデッキがつながる。

上／1階デッキの大きなハンモックで家族の憩いのひととき。まるでどこかのリゾート地にいるよう。

玄関前にはビルトインガーレージを設けた。
木張りの天井は、ご夫婦がこだわったところでもある。

inside story
土間の壁

ご主人の趣味の自転車を置く場を兼ねて広くとった玄関土間（写真／右）。当初、壁は居室と同じ珪藻土壁紙だったが、木張りに変更。自転車のメンテナンスなど作業をする場でもあり、何か飾ったり掛けられるようにしておいたほうがいいのではという判断から。キズがついてしまっても木ならあまり気にならず、ハンガーなども取り付けられる。張り方は、横に伸びる空間なので横張りとした。

高台に建つ「桜ヶ丘の家」（右上）。
2階リビングの窓が桜島に向かって大きく開く。

<DATA>
[桜ヶ丘の家]
竣工／2016年
家族構成／夫婦+子ども2人
敷地面積／172.38m^2
建築面積／60.26m^2
延床面積／93.98m^2
●主な仕上げ
屋根・外壁／ガルバリウム鋼板
天井／珪藻土壁紙、シナ材
内壁／珪藻土壁紙、米杉材
床／パイン材、畳

コラム　ベガハウスの家づくり　代表・大迫学が語る

2　なぜ家を建てるのですか？

これから家を建てようかと検討している方へ。まずはじめに、なぜ家を建てるのか、改めて自分自身に問いかけてみてください。住まいは、賃貸という方法もありますし、購入するにしてもマンション（集合住宅）という選択肢もあります。家を建てるということの多くの場合は、その土地に、生涯、定住するということですから、それは、あなただけの問題ではなく、親御さんや兄弟姉妹にも関わることで、将来は当然お子さんに直結していくことです。土地・家屋などを親御さんが所有されている場合は、なおさら、先々のことを含めた相談が必要となるでしょう。今だけでなく、将来を見据えた時間軸で考えなければならないのです。

家は大きな資産となりますが、負の資産となってしまう可能性もあります。ですから、自分たちだけで決めずに親兄弟姉妹とも話し合った上で、家を建てる理由を明確にしていきましょう。そうすれば、自ずと家づくりの軸が見えてくるはずです。

Vega's suggestion

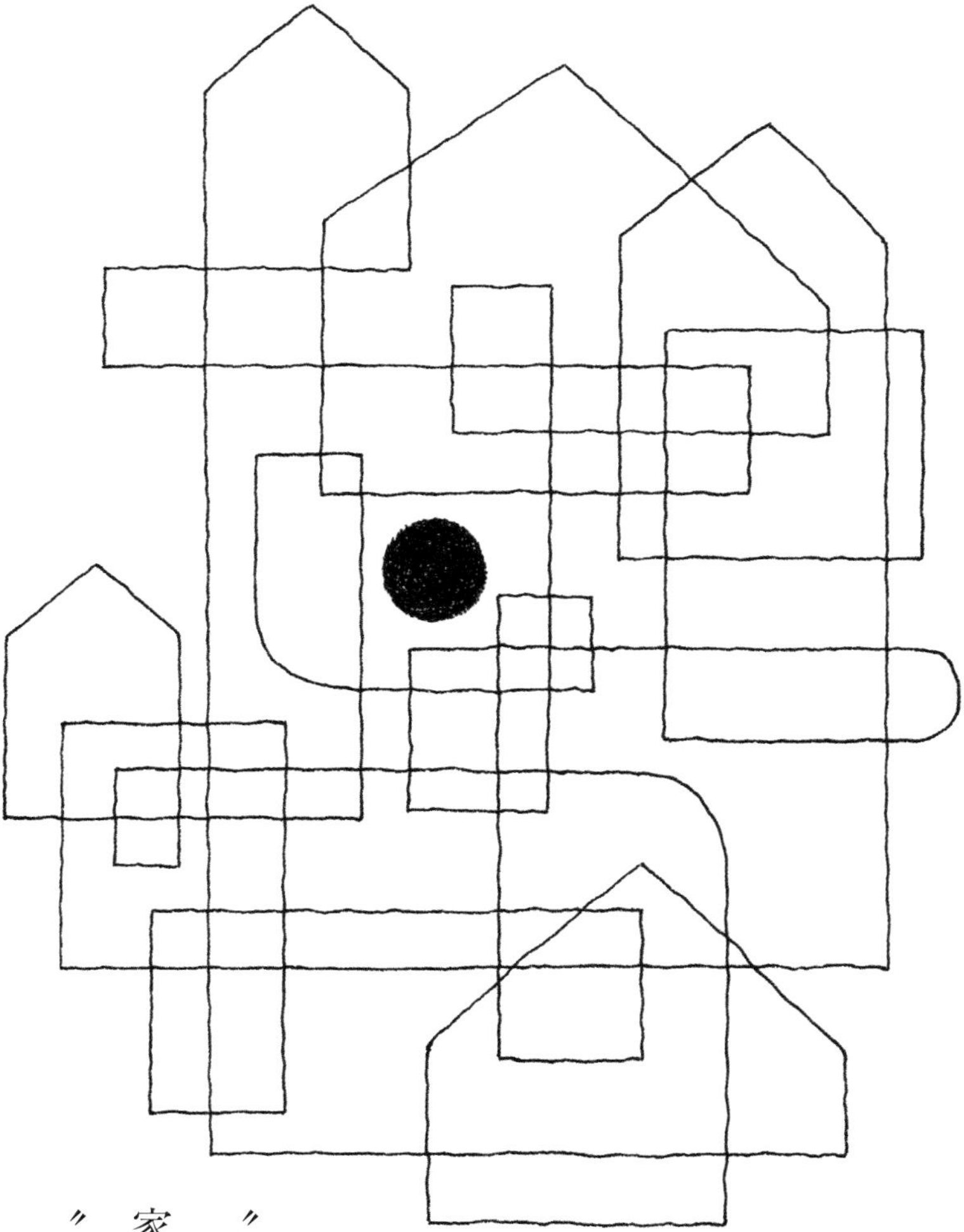

〝時間軸〟で考え、
家を建てる
〝理由を明確〟
にしましょう。

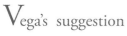

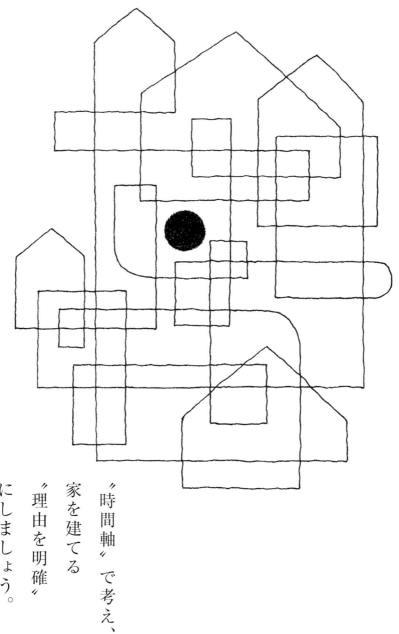

吉野の家Ⅰ

親のため、それはいずれ
自分たちのために。
たくさんの人を包み込む家。

お隣さんとは3世代に渡ってのお付き合い。
子どもたちはまるで自分の家にいるよう。

居心地のいいＬＤＫは、冬でも日射しでぽかぽか。ダイニングテーブルは、車椅子に合わせた高さに、脚は邪魔にならないよう手前を1本にした。

来客の多いこの家では、広いキッチンカウンターが重宝している。親御さんが来た時は、薬などいろいろ置けて便利だそう。

階段を中心に、
ぐるっと回れる間取り。
車椅子で通れる幅で、
バリアフリーに。

上・下／リビングは造作ソファでコンパクトに。設計当初は、階段室との仕切り壁があったが、広がりを出すために無くした。階段室に直接行き来でき、子どもたちのいい遊び場になった。吹抜け上部には大きな窓があり、光がさんさんと降り注ぐ。

リビング隣の和室。畳は、教え子たちが子連れで来た時にも便利。右の扉はウォークインクローゼットに続く。

親御さんのためにつくった部屋。車椅子で移動できるようバリアフリーに。右の壁にある木枠はキッチンに通じる小窓。

病院通いする親のために、家を建てよう

ご主人は高校の先生、奥様も以前は小学校の先生だったというご夫婦。長く教員住宅に住まい、ご主人の出身地である徳之島には実家もあることから、家を建てることは考えていなかったそうです。ところが、ご主人のお父様が病気となり、島から鹿児島市内へ通院する度にホテルに滞在しなければならず、そのホテル探しがとてもたいへんで費用もかかることから、両親が滞在できる家を建てることを決心したといいます。

そして、土地を探していたところ、家族ぐるみで付き合いのある奥様の先輩の娘さんご夫婦から、この土地を一緒に買いませんかという思いがけない提案がありました。その娘さんご夫婦も家を建てようと土地を探していた最中で、いいところを見つけたけれど1軒では広く、もし2軒で購入するなら同時にという条件だったことから、こちらのご夫婦に話しを持ちかけ、一緒に購入することに。さらに設計・施工も同時にベガハウスに依頼することになったというわけです。

土地は東西に2分割し、西側がお隣。東側の「吉野の家Ⅰ」は、どちらの家にもしっかり日が入るよう北側に寄せ

上／小窓のキッチン側。ベッドの上からキッチン側に声を掛けることができる。
左上／右奥が出入り口。隣にはトイレ、浴室を設け、車椅子が通れる最短動線となっている。
左下／親御さんの部屋に通じる外部スロープ。車椅子で直接、部屋に出入りできる。

ました。そして、北側に車椅子用のアプローチをとり、そこから直接入れる部屋を親御さんの寝室にして、隣にトイレ、浴室を設け、段差のない短い動線にしました。その水回りを含めて1階全体が回遊できる間取りとなっています。

「要望を聞かれた時、主人は〝父がまた来たいと言ってくれる家〟といったんです。父が過ごしやすい家は、私たちが年を取った時に私たちにとっても過ごしやすい家になるだろうって」と奥様。お父様は、その後、亡くなられたそうですが、「父は竣工してすぐ来て、島に帰ってまたすぐ来たんです。きっと居心地がよかったんだと思いますよ。お母さんも入院後ここに来ましたし、うちの母も実家の改修中にしばらくいました。親や知り合いにも気持ちよく泊まってもらえて、家を建てて本当によかったです」（奥様）。

リビングの吹抜け上部。2階にもたっぷり光と風を届ける。右は納戸、左の障子は寝室。

人を招く、包容力にあふれた家

取材当日は、お隣のお子さんとおばあちゃん（奥様のかつての先輩）が訪れていました。このお宅にはお隣の子どもたちの食器が揃っているほどのお付き合い。

「うちは子どもがいないので、来てくれるのがうれしいんです。大きくなって〝はらへった〜〟っていって来てくれるのが楽しみで」と奥様。信頼し合えるお隣さんがいるのは、互いに心強く、暮らしにも広がりが生まれてくるようです。


お隣だけでなく、とにかくこの家にはたくさんの人が訪れるそうです。ご夫婦の人徳ですね。住み始めた年は、延べ1000人くらい来られたそう。

「教え子や友達やいろんな人が来てくれました。みなさん、落ち着く、ほっとすると言って長居されるんですよ」（奥様）。教え子たちが数人、それぞれ子どもを連れてくると大人数に。子どもたちにとっても楽しい遊び場のようで、「また来るね」といって帰るそう。そういった大人数の来客時に活躍するのが、キッチンの大きなカウンター。奥様がベガハウスの見学会で、大きなカウンターで親子が一緒に調理しているのを見て、いいと思ってリクエストされま

右・上／2階、ご主人の趣味、ギターのスペース。高校の先生をされているご主人がＤＩＹでつくった。生徒との思い出の数々も飾って。

した。みんなで作業できるので、とても便利といいます。

きっとこの家には人を招く力があるのでしょう。見ず知らずのおじいさんおばあさんが、外部のスロープを見て、家を見せて欲しいと訪ねてきたこともあるそうです。その力はご夫婦の親御さんを慈しむ気持ち、周囲の人々を大切に思う気持ちから生まれているものに違いありません。遠くで暮らす親御さんのために建てた家は、たくさんの人が集まってくる家ともなっていました。

階段の吹抜けスペース。北側の小窓で光をとって明るく。吊っているのは、徳之島で漁に使うガラスの浮き。

inside story
2軒の配置計画

知人同士で土地を購入して建てたという珍しいケースで、2軒同時に設計できたことで様々な配慮が可能となった。まずは、日照と景色。どちらの家にも日が当たり、桜島が見えるように、東側にある「吉野の家Ｉ」の位置を北側にずらしている（写真2点／右が「吉野の家Ｉ」、左の赤い外壁がお隣）。気の置けない間柄ということで、庭は仕切らず、行き来できるようにしたが、程よい距離感をとるために、部分的に土を盛り上げて築山をつくり、やんわりと隔てた。

＜DATA＞
[吉野の家Ⅰ]
竣工／ 2011年
家族構成／夫婦
敷地面積／ 214.5m^2
建築面積／ 78.46m^2
延床面積／ 107.44m^2
●主な仕上げ
屋根・外壁／ガルバリウム鋼板
天井／珪藻土壁紙、シナ材
内壁／シラス左官仕上げ、珪藻土壁紙
床／杉材、畳

2軒同時に計画することで、可能となった「光と風の通る家」

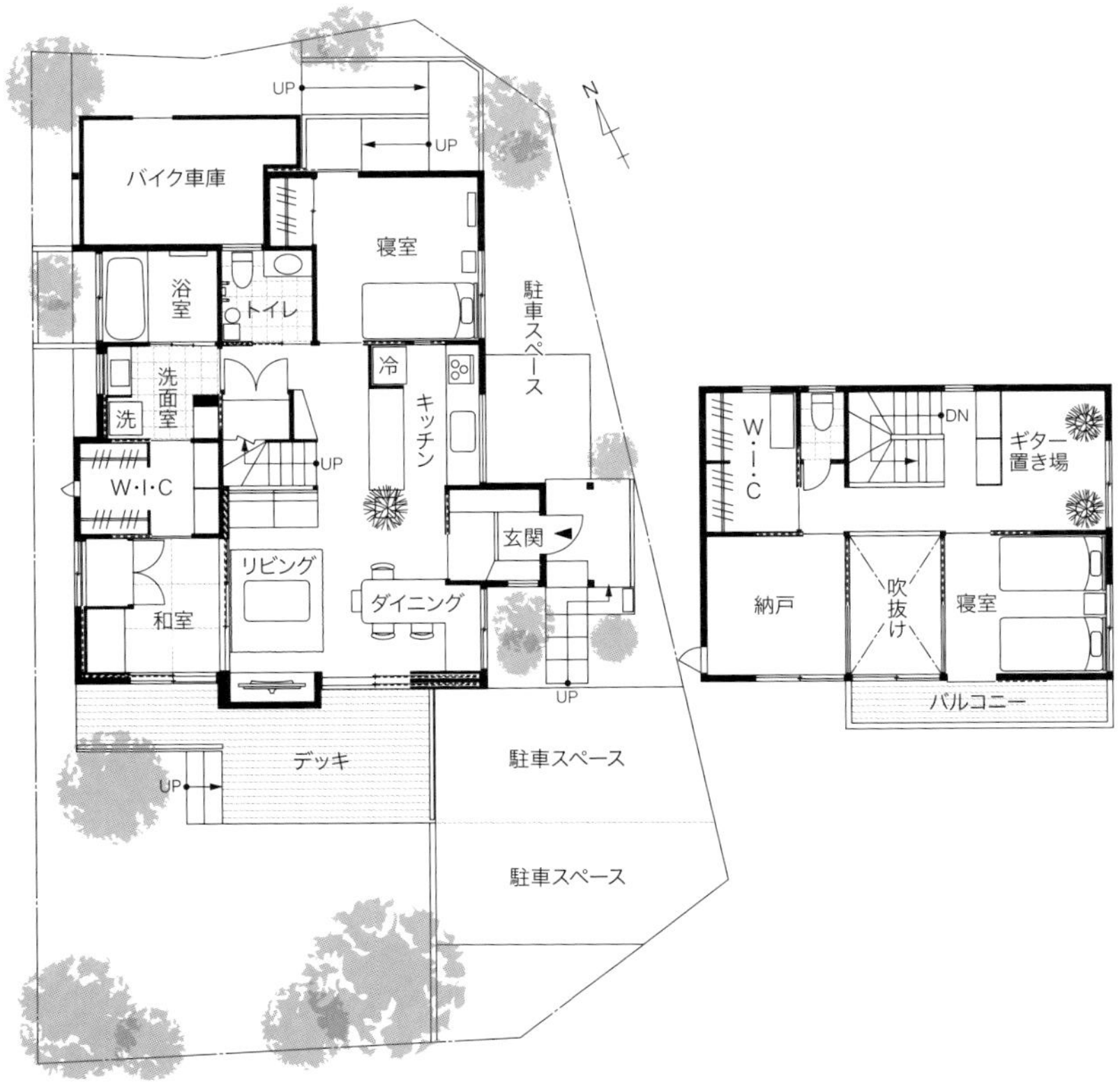

1階　　2階

コラム　ベガハウスの家づくり　代表・大迫学が語る

3　土地探し、設計の前に

家を建てることを決めたら、まずは土地探しからという方も多いと思います。その土地を探す上でも「建てる理由」が指針となり、「どう暮らしたいか」ということが決め手になってきます。例えば、「実家を継ぐ必要がないので、家庭菜園ができる終の棲家を、通勤圏内で建てたい」という方であれば、それが実現できる場所を探すことになります。そして、「その野菜で、家族みんなで料理をしたい。人を呼んでホームパーティをしたい」という望みがあれば、それを実現できるキッチン、ダイニング、リビングを考えていけばいいでしょう。

土地の購入やプランニングの前に「どう暮らしたいか」という暮らしのイメージをはっきりさせておくことが大切です。そして、それをご夫婦やご家族で話し合って共有することも必要です。それが家づくりの軸になっていくからです。家をつくるのは、あくまで住まい手。プランは、住まい手の暮らしの中や胸の内にあります。そのイメージ無しには、どんなプロも設計できないのです。

Vega's suggestion

どんな暮らしがしたいのか、はっきりイメージして、家族で共有しましょう。

鹿《か》屋《のや》の家Ⅰ

縁側のある大開口で、
開放感にあふれた畳リビング。
ビルトインガレージのある平屋。

広い庭に面した縁側はアウトリビング。
庭には実家から移植したモモに、
ビルベリーなど実の成るものを
植えて収穫も楽しんでいる。

様々な暮らしを、
受けとめてくれる
畳リビング。

右／畳リビング。
ダイニングに座った時の
目線に合うように、一段上げた。
くつろぎの場であり、
子どもたちの絶好の遊び場ともなる。
テレビを見る時は、この空間に
合わせて造作したソファで。
下／大きな窓は、サッシを
すべて引き込むことができる。
夏は網戸にして開け放つと、
さーっと心地いい風が通り抜けていく。

コンパクトな平屋に
ビルトインガレージで大満足

住み始めて5回目の夏。年々暑さが増す一方で、この畳リビングには気持ちのいい風が吹き抜けていきます。

「あまり大きな家ではなく、こぢんまりとした平屋がよかったんです」と話すご主人は、ご実家も平屋でこれまで2階建てに住んだことがないそう。奥様も「大きな家は掃除がたいへんだし、2階建てにしてもいずれ2階に上がるのがたいへんになるでしょ」とコンパクトな平屋を望みました。そして、ベガハウスで建てた家を見学して気に入ったビルトインガレージと畳リビングを選択。

「前の家はガレージが離れていて、雨の時に濡れるのがいやだったんです。それで、濡れずに出入りできるビルトインガレージがいいなと。子どももいるので、買い物の荷物も増えていくでしょうから」（ご主人）。アプローチの隣に2台分とったビルトインガレージは、玄関からすぐ。玄関土間はキッチンにつながるストックヤードに直結しているので、買ってきた荷物を運び入れるのも楽です。

畳リビングは、庭に面して大開口を設けた開放的な空間に。屋根の傾斜に沿った高い天井のダイニングと一体に

障子を閉《た》てると一変、静寂の世界に。障子に拡散された、やわらかな光が空間を満たす。

なってさらに広がりを感じさせます。このメインの空間の先には、子ども部屋、収納、浴室・洗面所、和室があり、手前にはご夫婦の寝室があります。動線も短く使い勝手のいい間取りは、おまかせだったそう。

「はじめに、私たちの話をたくさん聞いてもらいました。暮らしの要望を書いた紙を渡したり。それからプランが出てきたのですが、それでほとんど決まりました」(奥様)。

屋根の勾配に沿って
天井を高くとったダイニング。
丸テーブルが空間をやわらかい印象に。
廊下の突き当たりは和室、右側に浴室、
収納、左に子ども部屋がある。

家も道具も、時間に負けないものを。

上／庭に向かってダイニングとリビング全体を見渡せるキッチンには、奥様のデスクスペースも。
左上／奥様のセンスが感じられる暮らしの道具。もの選びは慎重に、長く使えるものを心掛けているという。
左下／庭の草花をドライフラワーに。テクスチャーのあるシラス壁が、さりげなく引き立てる。

上／今は一室の子ども部屋だが、いずれ中央で仕切って2部屋にできるよう窓やドアを配置している。
下／客室用の和室は、普段は家事室として活用している。

「こうすればよかった」、そう思うところがない快適さ

プランを詰めている時に迷ったことも、住んでみて納得できたという奥様。例えばキッチン。外に向けるか、リビング側に対面にするか迷いましたが、「対面式にしてよかったです。子どもたちや庭を見ながら作業ができるので」。

ムダの無いコンパクトな間取りにも、ちゃんと余白が取られています。客間として設けた奥の和室は、普段は洗濯物を干したり、家事のスペースとして活用。手前の廊下にクローゼットがあるので片付けもスムーズに行えます。子ども2人の部屋も、将来は2つに分けられるつくりに。

「家を建てる前、家を建てた人に相談したら、『家は2、3軒建てないとわからないよ』って言われたんです。でもそうでもなかった。こうすればよかった、というところがないんです」と目を細めるご主人。まだ新築のようにきれいに住まわれている様子からも、ご家族みんながこの家に愛情をかけていることが伝わってきました。

上／大きく張り出した屋根下に設けた駐車スペース。正面が玄関ドア、雨でも濡れずに乗り降りできて、荷物を運び入れるのも便利。

inside story

外構の工夫

玄関までのアプローチの脇に外の水場を設けている（写真／上）。角地で交通量の多い場所なので、通りから見えないよう奥まったところに設け、ガルバリウムの外壁を回した（写真／下右）。片側は、ホウキなど物を掛けられるように板張りとした（写真／下左）。木の壁ならキズが気にならず、風が吹いて物があたっても音がしない。また、庭を囲む3面の板塀は、外からの視線を気にせず暮らせる高さに（写真／左ページ）。ただし、植物にとっては風通しが悪くなるので、隙間を空けて板を張っている。

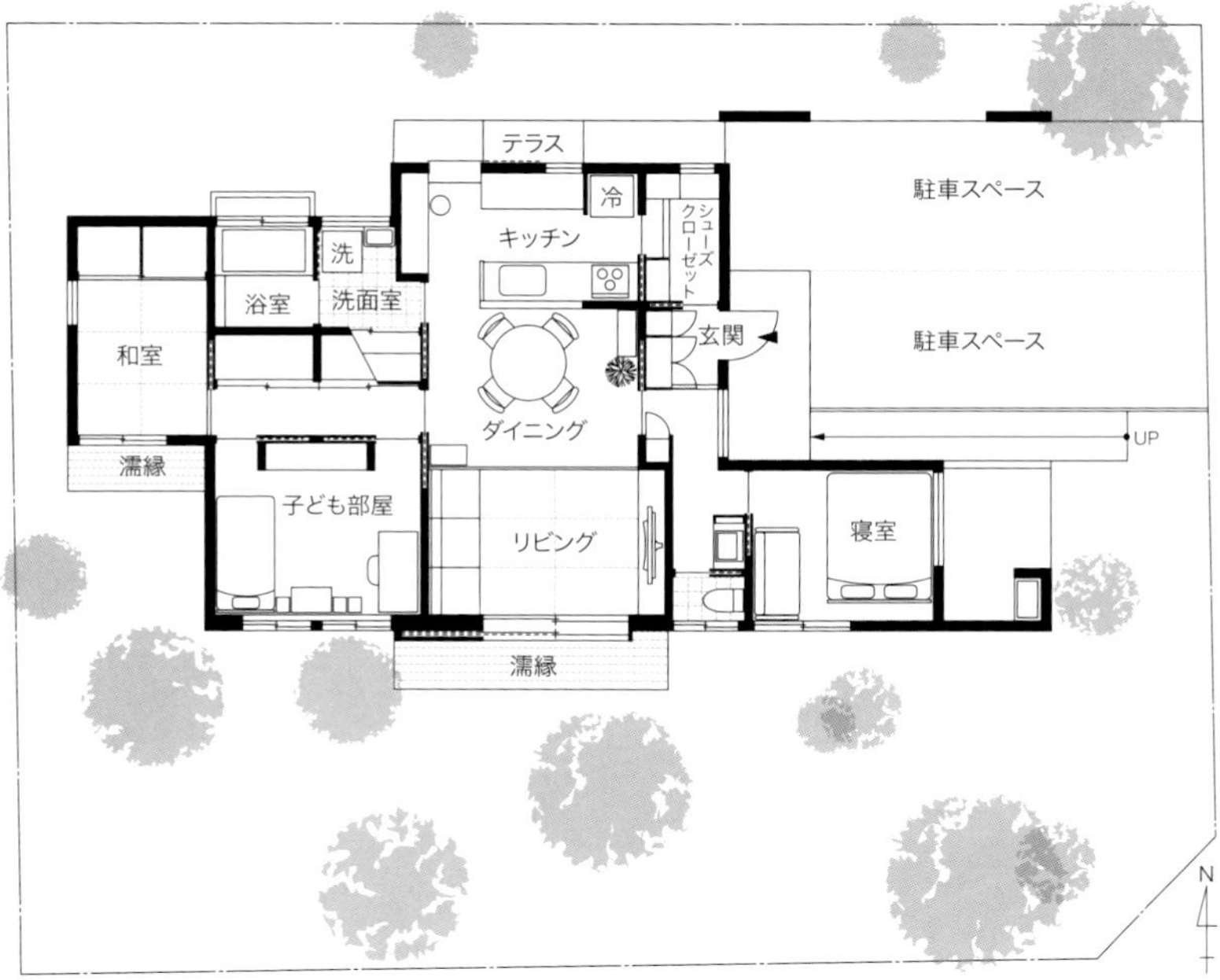

<DATA>

［鹿屋の家Ⅰ］

竣工／ 2015年

家族構成／夫婦+子ども2人

敷地面積／ 318.59m^2

建築面積／ 128.09m^2

延床面積／ 87.15m^2

●主な仕上げ

屋根・外壁／ガルバリウム鋼板

天井／シラス左官仕上げ、シナ材

内壁／シラス左官仕上げ

床／パイン材、畳

畑がところどころに残る、
ゆったりとした区画の住宅地。
絶妙な高さの木の塀で、
行き交う人の視線を気にせず
開放的に暮らせる。

4 ベガハウスが目指す家

具体的な設計に入ると、暮らしのイメージを持っていても、家事動線や収納量など機能面がつい気になってしまうものです。施主にとってそれは当然のことなのですが、設計のプロであれば、機能をきちんと満たしてプランニングすることも当たり前。プロに望むべきは、その先にある付加価値＝＋αなのです。

不動産価値とはまた別の＋αの価値は、醸す雰囲気であるとか、心身で感じる心地よさであるとか、言葉になりにくく人によって感じ方も違ってきますが、その＋αの豊かさがないと家は愛されません。「家が愛される」というのは、住まい手家族はもちろん訪れた人にも心地よさや幸せを感じさせ、何十年と長く大切に愛着をもって住まわれることです。数値化できないことですが、とても大切なことです。なぜなら、愛されない家は、住み継がれない、つまり残っていかないからです。私たちは、家づくりのプロとして、＋αのある家＝愛される家を目指しています。

Vega's suggestion

機能性は当たり前。+αの豊かさのある
「愛される家」をつくりましょう。

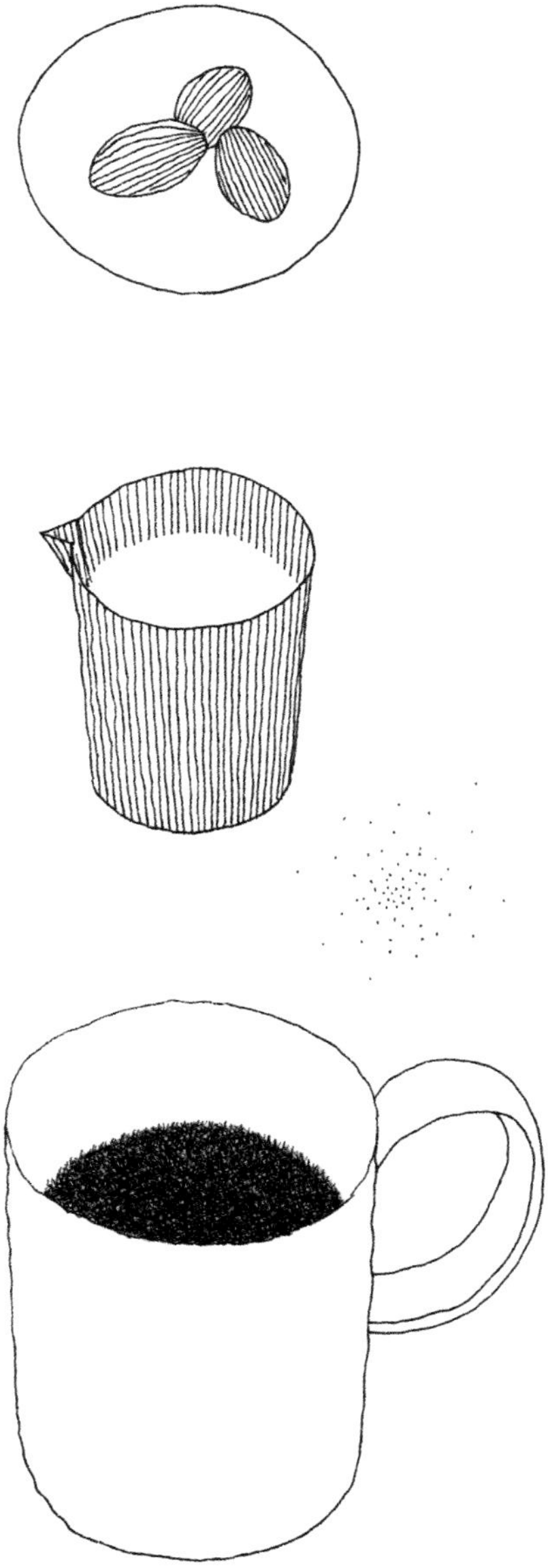

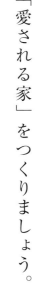

出水《いずみ》の家

住まい手自身が住みながら整えていく。美しい余白を残した家。

ダイニングから奥の和室に向かって。廊下のないワンルームの基本的な間取りで、空間のムダもコストのムダも省いた。

自分たちで
つくったデッキで、
リビングの広さが倍増。
アウトリビングも
満喫できる庭。

右／床と同じレベルで続くデッキによって、
より広く感じられるリビング。
家具が好きなご夫婦が吟味した椅子や火鉢が並ぶ。
上／木の塀とデッキはＤＩＹ。
友人に手伝ってもらってつくった。
休日は人を招いてＢＢＱなど
アウトリビングを楽しむことも多いそう。

inside story

余白を残す

ほぼワンルームのシンプルな間取りに造作家具は最小限に抑え、外構もデッキや塀、外部物置はつくらずに、住み始めてから徐々に整えていける“余白”を残した。しっかりとプロがつくるべきところと、住まい手にゆだねるところのメリハリをつけた予算配分による設計である。余白というのは白紙ということではない。たとえば、駐車スペースと物置の場所はしっかりと配置計画に入れておき、どういうものにするかは住まい手にまかせた。こういう設計が可能となったのは、明確な暮らしのイメージと住みこなすセンスを持ち合わせている住まい手だったから。住んでから自分たちでやれることにはコストを割かず、その分建物や設備にしっかりと予算を当てた。センスのある施主だからこそ、美しい余白を残すことができた。

下／リビングのコーナー。小物のセレクトや飾り方など、ちょっとしたところにも住まい手のセンスが感じられてくる。

左ページ。上／造作家具はテレビ下の棚だけ。掃除がしやすいよう脚を付けずに壁付けとした。テレビの向こう側は和室。2部屋に分けられるよう、両側にトビラを設けてある。下／予備の部屋は、ごろんとくつろいだり、客間にもできるよう畳の和室とした。

住みはじめてからが本当の家づくり。
住み手の感性や、暮らしへの
眼差しが空間をつくり上げていく。

上／小窓がほどよく景色を切り取るダイニング。ちょっとしたものを飾るのにちょうどいい浅めの棚には、自家製の果実酒が並ぶ。
右／ダイニングも好きな椅子を揃え、テーブルの配置も時々変えるそう。日々の暮らしを自然体で自由に楽しむお二人。
左ページ／ご主人もお料理好き。そこでキッチンはご夫婦２人で立てるように幅を広くとっている。

ムダのない間取りで、コストバランスを計る

海まで車で十数分。畑が広がるのどかな地域に溶け込んで建つ平屋は、一見変哲なく見えて、コンテナがあったり、軒の深い広い玄関ポーチがあったりと、さりげなくセンスのよさが感じられてきます。

住み手は30代のご夫婦。好環境に加え、ご主人の実家からも近く、広さも十分だったことからここに決めたというお二人は、土地を購入してから家づくりのパートナー探しを始め、素材や色使いなど自分たちの好みに一番近かったベガハウスを選んだそうです。共に平屋にしか住んだことがなかったご夫婦が望んだのは、もちろん平屋。土地も広く、回りに遮るものもないので、南北に長い敷地の中央に、真南に向かって開く平屋が計画されました。

オーソドックスな長方形の平屋は、間取りも基本に忠実な、廊下のないほぼワンルームというシンプルさ。玄関から続く広いリビング・ダイニングを家の真ん中にとり、そこから他の部屋へ移動していくという動線です。壁やドアを省いたムダのないつくりは、居住性はもちろん、コスト削減にも効果的で、ご夫婦の希望を叶えるための予算配分に一役かっています。

残した余白は、住まい手がつくり上げていく

「はじめに出てきたプランで変更するところはありませんでした。いろいろ考えても、結局そこに戻る感じで。なので、あとは細かい要望だけしました」とご主人。家具が好きというお二人の、自分たちで家具選びを楽しみ、レイアウトも固定せずに季節や暮らしの変化に応じて変えていきたいという要望から、造作家具は必要最低限に。しっかりと暮らしのビジョンを持ったご夫婦は、掃除がしやすいように脚のないテレビ台や、自家製の果実酒などを飾る小棚をリクエストしました。

広々と気持ちのいいリビングにはお二人が選んだ、デザイン感度の高い家具が並びます。そして、大きな窓に続くデッキと庭を囲む木の塀は、お二人が友人たちに手伝ってもらってDIYでつくったもの。

「予算がなかったので、住んでから自分たちでつくったんです。周辺が畑で何もない分、丸見えになるので、木も植えました。庭はBBQ会場ですね(笑)。よく友人を呼んでやるのですが、絶好の場所。アウトドアは好きですが、この家に住んでから行く必要がなくなりました」(ご主人)。

駐車スペース横のコンテナは、フェリー用の中古品で物置代わりに後から購入したもの。設計当初からの要望だったので、あらかじめ場所をあけておきました。コンテナには、ご主人の趣味のサーフィンやつり、キャンプ道具などを入れています。

「外で使うものばかりなので、外部収納があって家の中片付けが助かってます」と奥様。ご主人は釣ってきた魚をさばいてお料理もしてくれるそうです。

シンプルなプランに造作家具を減らし、外構を住んでからにするなど、住まい手にゆだねた余白を残したことで、予算をうまくやりくりした「出水の家」。コストをかけるべきところにかけ、ご夫婦の要望も叶えられました。

コンテナにはご主人の趣味の道具類を収納。ここに納めることで家の中が片付く、と奥様。

<DATA>

[出水の家]

竣工／ 2012年

家族構成／夫婦

敷地面積／ 321.34m^2

建築面積／ 81.15m^2

延床面積／ 72.87m^2

●主な仕上げ

屋根／ガルバリウム鋼板

外壁／シラス左官仕上げ

天井･内壁／火山灰クリーム塗り

床／モミ材、パイン材、畳

下2点／バイクを駐められるように、広くとった玄関ポーチ。ガレージと物置代わりのコンテナは、住み始めてから整えた。

5　チームで取り組む設計

私たちの設計は、チームで取り組みます。映画づくりに例えるとわかりやすいでしょうか。まとめあげる監督を中心に、脚本家、照明、音楽、大道具・小道具さんなど、たくさんのプロフェッショナルで成り立っていますね。同じように、ベガハウスでも、植栽に長けたもの、カラーコーディネートが得意なもの、様々な家具を知っているもの、建築に精通しているものなどなど、それぞれ得意分野を持ったスタッフが揃っています。

まずはみんなで、施主が現在どう暮らしているか、これからどう暮らしたいのかをしっかり聞き出し、望むことを精査します。その望みが、〝目先のあこがれ〟なのか〝熟した要望〟なのか見極め、〝目先のあこがれ〟は消していくのです。

そして、スタッフ各々の強みを生かして、施主の宝物探しを始めます。奥さんはお料理好きでとってもマメ、ご主人の趣味は自転車でアウトドア派、ご夫婦ともにデザイン感度が高いぞ、さらに、この土地にはこんな素敵な木がある、ここからは素晴らしい風景が見えるよ、といった感じで、施主と土地に内在するポテンシャルを引き出し、それを監督であるプランナーが設計図に落とし込み、練り上げていきます。

その家族の暮らしを映像化するように「施主とその回りにあるものをつなげて、施主自身も気付かなかった価値観まで具現化すること」が、ベガハウスにとっての設計なのです。

Vega's suggestion

施主の宝物を引き出し、
つなげていく。
それがベガハウスの設計です。

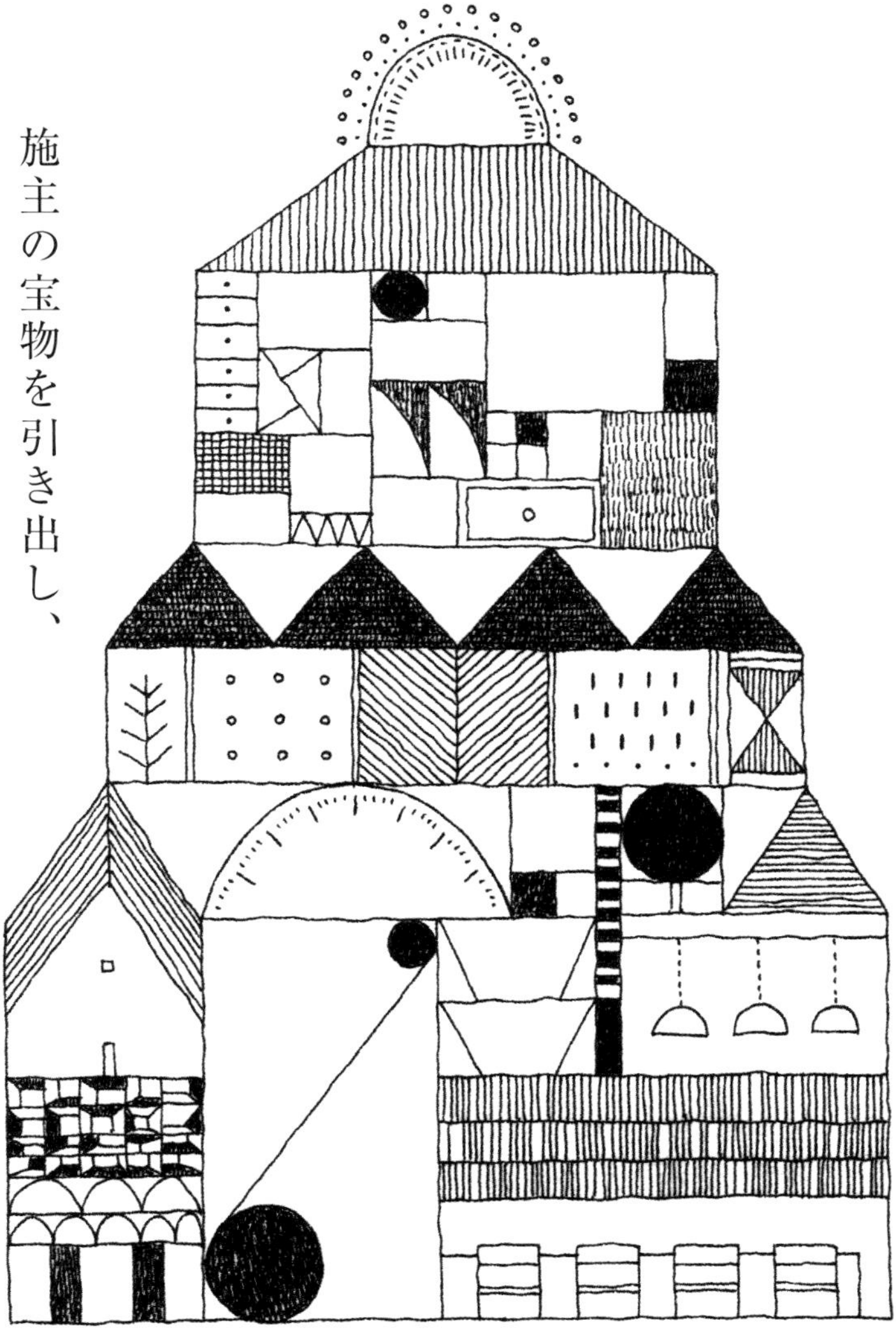

真砂《まさご》の家

外は閉じて、中庭で開く。
「我が家の空」を
手中に収めた町家。

アプローチを抜けると、頭上に四角い空がぱっと広がる。
回りの建物がいっさい入ってこない、この家だけの空。

奥深く、家族だけに
許された中庭《らくえん》。
光と風を取り込む
現代版町家。

奥に細長い鰻の寝床の敷地に、
昔の町家のようにしつらえた中庭。
家中、どこからも眺められる。

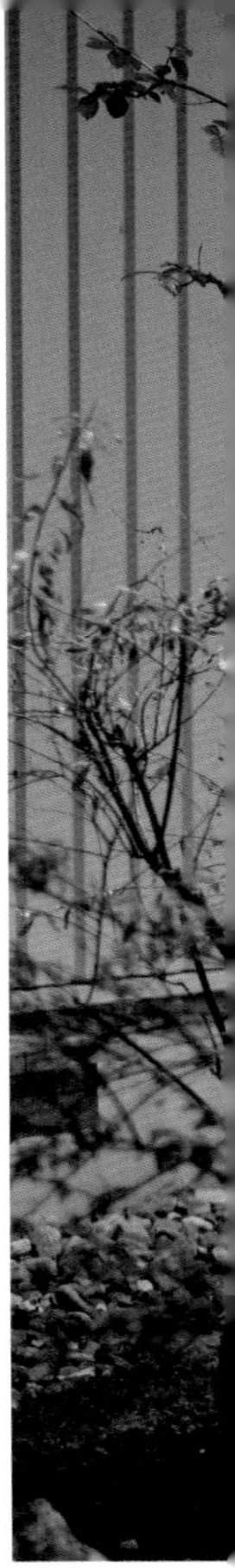

上／中庭に面して、2階にはデッキを設けた。町中とは思えないプライベート空間。
下／格子戸を開けると、駐車スペースを兼ねたアプローチが奥へと誘う。アプローチには、鹿児島ならではの「たんたど石」（火山の火砕流でできた溶結凝灰岩）を敷いた。

2階、畳リビング。中庭側は低い位置に窓をとって、近隣の視線を気にせず中庭を眺められるようにした。光も十分入る。

奥様のお気に入りの場所は、庭を見下ろすリビングの窓辺。中庭を囲むように設けたベンチは様々な居場所をつくり出し、カウンターにもなってとても便利。

inside story

外壁の色

ガルバリウムの外壁の色は、スタッフ間でも検討を重ねた。当初、黒や茶系を候補に上げていたが、「うちの奥さんには似合わなそう」というご主人の意見と、室内への反射光を考慮して、白系、シルバー系で再検討。室内へより光を反射させるという点では、シルバーが効果的だが、室内から見た時の背景としては無機質すぎることから白系とし、最終的にサンプルを外光で確認して、ほんの少しグリーンがかったミストホワイト色に決定した。

中庭に切り取られた「我が家の空」

鹿児島市中心部の住宅密集地。築50年を越えた以前の家は増改築を繰り返し、周囲の視線を気にしてカーテンを閉めっきりで暮らしてきたご夫婦。そのお二人の一番の要望は、明るさと「庭を愛でる暮らし」でした。3人のお子さんはすでに2人が巣立ち、ご夫婦にとって終の棲家です。敷地はいわゆる鰻の寝床。そこで、中庭を設け、外側は閉じて内部で開く手法をとりました。

「工事中、中庭でぱっと上を見上げたら空が広い！　空が切り取られて、余計なものが一切見えない。これは俺の空だ、我が家の空だ、と思わず言ったんです」と顔をほころばせるご主人。

上／近隣をまったく気にせず、アウトドアを満喫できるデッキ。
下／中庭は2階からも楽しめる。

勾配天井の一番高いところに設けた開放的なダイニング・キッチン。
リビングと分けつつ、中庭を囲んでL字につながる。

けして
大きくはない窓なのに。
明るさと開放感を
もたらす秘訣は、配置。

3段上げたご主人の書斎スペースは、
まるで司令塔のように2階を見渡せる。
キッチンで作業する奥様とも
会話のできる距離。

玄関のトビラを開けると、またその先に坪庭が。
美しい陰影で出迎えてくれる。

右／玄関の隣は、
客間を兼ねた和室。
広めの土間を挟んで
渡り廊下でつながる
離れ的なつくりにした。
左／中庭と坪庭、
両方の庭が愛でられる。

右／格子から洩れる明かりが美しい夜の佇まい。2階の格子の内側は物干しで、浴室、洗面室につながっている。
上／大きな天窓のように、空に向かって開ける中庭とテラス。密集地だが、周辺からの視線をまったく気にせず過ごせる。

人を拒まない、明かりが洩れる家

そして、ご夫婦の生活空間は2階に集約。近隣の視線を気にしなくてよいように窓は低い位置に設けながらも、様々な場所から中庭が眺められるよう配置しています。

「室内は想像以上に明るいです。以前は昼間も暗かったのに、今は朝日が射すんですよ。何十年も住んでいたのに気づかなかった（笑）。それにはびっくりでしたね」と顔を見合わせて、仲良く口を揃えるご夫婦。


室内で奥様が望まれたのは、食べるスペースとくつろぐスペースを分けること。そこで、中庭を囲むようにL字型に連続させつつリビングとダイニングを分けました。

「リビングにはソファが欲しかったんです。ずっと夢でした。でも畳でごろごろもしたい。それを兼ねた畳リビングを提案してもらって、すごくよかったです」と奥様。


そのリビングとダイニングの間には、ご主人の書斎があります。小さなスペースながら、床レベルを3段高くしているので視界は開け、階段を挟んだキッチンに立つ奥様にも声の届く程よい距離感です。

「この家は、夜がまたかっこいいんですよ。密集地だからプライベートは確保したい。さりとて、人を拒むような雰囲気にはしたくない。明かりが洩れてくるような家にしたいと要望したら、格子を提案してくれました。その格子がとてもいい。外から中は見えないけど、中からは外が見える。そして、夜はまるで料亭みたい(笑)。帰ってくると、しばらく佇んで見ているんです、いいなーと」(ご主人)。

街を照らす行灯《あんどん》のような家は、ご夫婦の人柄そのもの。訪れたものをあたたかく迎えてくれるお二人の笑顔が、この家のすべてを物語っていました。

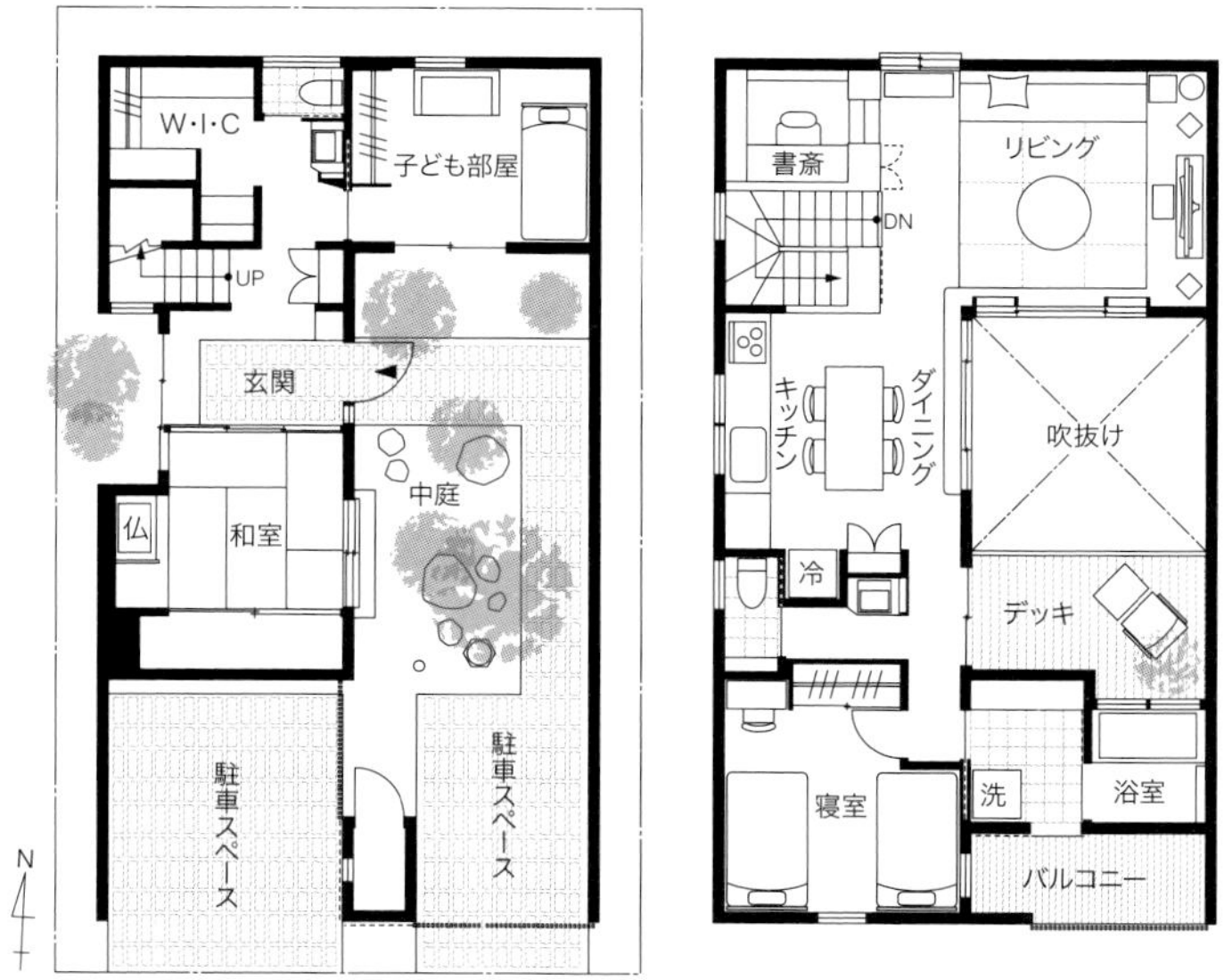

1階　2階

<DATA>

[真砂の家]

竣工／2018年

家族構成／夫婦+子ども1人

敷地面積／126.6m^2

建築面積／72.87m^2

延床面積／125.86m^2

●主な仕上げ

屋根・外壁／ガルバリウム鋼板

天井／珪藻土壁紙、ツガ材

内壁／珪藻土壁紙

床／パイン材、畳

Coffee Break

狭小喫茶店「ソヨロ」

いつかと抱いてきた、長年の思いを庭の一画に実現。

つくったのは、〝自分たちが行きたい店〟

ずっと前からここにあるような懐かしい佇まいの「ソヨロ」。奥が母屋で、庭の一画に増築された。花ブロックも母屋を建てた時のまま。

はじめて訪れたのに懐かしい

住宅街に溶け込むように、こぢんまりと佇む「ソヨロ」。通りには看板もなく、あやうく通り過ごしそうになりながらも、小屋のような風貌にそれとすぐ気づきました。レトロなランプに力の抜けたソヨロの文字が微笑ましい陶板と、さりげなくもやさしい店構えにはやる気持ちを抑えながら引き戸を開けると、タイムスリップしたような懐かしい空間が迎えてくれました。

風が静かに吹く音や物が軽く触れ合う音を表す言葉を店名とした「ソヨロ」のショップカードには、狭小喫茶店とあります。確かに一目で見渡せてしまう店内。入口すぐ横のカウンターに2席、庭に開けた窓側に4席、トータル6席が全体の半分を占め、残りはキッチンと店外から入るトイレとなっています。面積にすると約10㎡と、8畳間にも満たない広さ。なのに、手を伸ばせば届きそうな木の天井と塗り跡の残る左官壁の空間は、なんともいえない心地よさに満ちています。テーブル席に腰を下ろすと視線は庭に抜け、草木を揺らす風を目で感じながら、耳には軽やかなジャズの旋律、そして、ふくよかなコーヒーの香が幸せな時間を運んできてくれました。

ご夫婦でつくった庭。瓦を敷いた路地は店に続く。

後から建てたからおもしろい

「みなさん、落ち着く、狭くて心地いいと言ってくれて、長居されますよ。季節のいい時は窓を開けて網戸にしたり。鳥の声も聞こえてきて気持ちいいんです」と店主である奥様。ご夫婦がベガハウスで家を建てたのは、2009年。それからベガイク（コラム10参照）で付き合いが続き、8年経った2017年に喫茶店を庭に建てる計画をベガハウスに相談されました。

「こういう狭いところに建てられるのはベガハウスしかないと思って（笑）。家が気に入っていたので、揃えてもらえたらと思いました」（奥様）

相談してから約1年後に竣工、2019年の年明けにオープンとなりました。

「本がいっぱいあって、いい音楽がかかっていて……、自分たちが行きたいと思う店をつくったんです」と話すのは、昔、アンティーク家具を扱う喫茶店で働いていたこともあるというご主人。結婚する時から「いつか喫茶店を開きたいね」と話していたそうですが、家を建てる時は喫茶店をあきらめました。

「でも、家を建てる時に店も建てていたら、こんなおもしろい空間になっていなかったと思います」と奥様。建てている最中、トイレも入れて約7畳という狭さに、近所の方にも驚かれたと笑います。

左2点／杉の下見板張りの外壁に、レトロな明かり、陶製のショッププレート、そして、ありふれた案内板。さりげなくも、店主のセンスが伝わってくる店構え。

狭さがなんとも
心地いい。
五感で味わう、
豊かな時間。

庭に開けた窓前のテーブル席は4席。
その向こうがキッチンで、テーブル席と同じくらいの面積。

入口脇のカウンター席は2席。
こちら側は籠もれる空間。
ゆっくり読書も楽しめる。

キッチンから入口に向かって。天井も通常よりだいぶ低く、入口付近は約2m。照明の滑車はご主人の手づくり。

自分たちの手でつくっていく

11年前、南北に長い長方形の土地には、北側に家が、通りに面した南側に駐車スペースと庭が配置されました。その庭には沖縄の花ブロックの塀がずらして2列つくられ、家と通りをゆるやかに仕切っています。それら既存のものをほぼ壊すことなく、「ソヨロ」は増築されました。母屋との連続性を考えると必然的に庭のこの一画となり、住宅街という周辺環境から、開口部は庭に向かって開ける正方形の窓だけで、通りからは閉じたつくりとなっています。外観は平屋の母屋と一体感を持たせ、屋根が続いて見えるよう建物の高さを低く押さえたことから、天井高は一番低い入口付近で約2mとなりました。

客席や棚などの造作家具とキッチンは、事細かに何度もご夫婦と打合せて決めていますが、ご夫婦が自分たちでつくられたところも多々あります。左官壁はご夫婦で塗り、ペンダント照明を昇降させる滑車やスピーカーはご主人の手づくり。庭もお二人で植栽し、路地の石や瓦も敷いたそうです。「やりたいことはだいたい実現できました」と素敵な笑顔を浮かべるご夫婦。自分たちが行きたいお店、それが心地よさの原点のようです。

上／かっこう時計が愛らしく時をつげる。
本や小物はご夫婦が集めてきたもの。
センスの良さはもちろん、思考と視野の広さも感じられてくる。
右上／業務用のコンベクションオーブンや冷蔵庫、
冷凍庫など、コンパクトにすべてが納まっているキッチン。
右下／スピーカーもご主人のアッセンブル。市販のものでは大きいので、
パーツを集めてこの空間に合わせたスケールで組み立てた。

inside story

モジュールの縮小

「ソヨロ」の平面は3.3×3.3m、面積にすると約10㎡という狭小空間。それなのに、なぜ居心地がいいのか。その理由のひとつに、基準とする寸法(モジュール)がある。一般的な建築のモジュールは90cmだが、「ソヨロ」では60cmを平面プランのモジュールとし、60cm角のグリッド(格子)で間取りを考えている。例えば、トビラは一般的には幅90cmだが、ここでは幅60cmと3分の2に縮小した感じだ。ただ寸法を切り詰めるのでは寸詰まり感が生じてしまうが、全体的に同じ比率で小さくしているので各部が違和感なく納まり、それが心地よさにつながっている。

上／店の外に設けたトイレ。とてもコンパクトな空間だが、小窓と鏡の効果で明るく清々しい。
左／テーブル席のベンチシートに取り付けられた木の背当て。心地よく背中をサポートしてくれる。

上／コーヒーは、ネルドリップ。ふくよかな香りが店内を満たす。
右／至福のスイーツ。季節によってメニューが変わるのも楽しみ。

美しい陰影を描き出す漆喰の左官壁は、ご夫婦のＤＩＹ。「自分で塗るとやはり愛着がわきますね」とご主人。

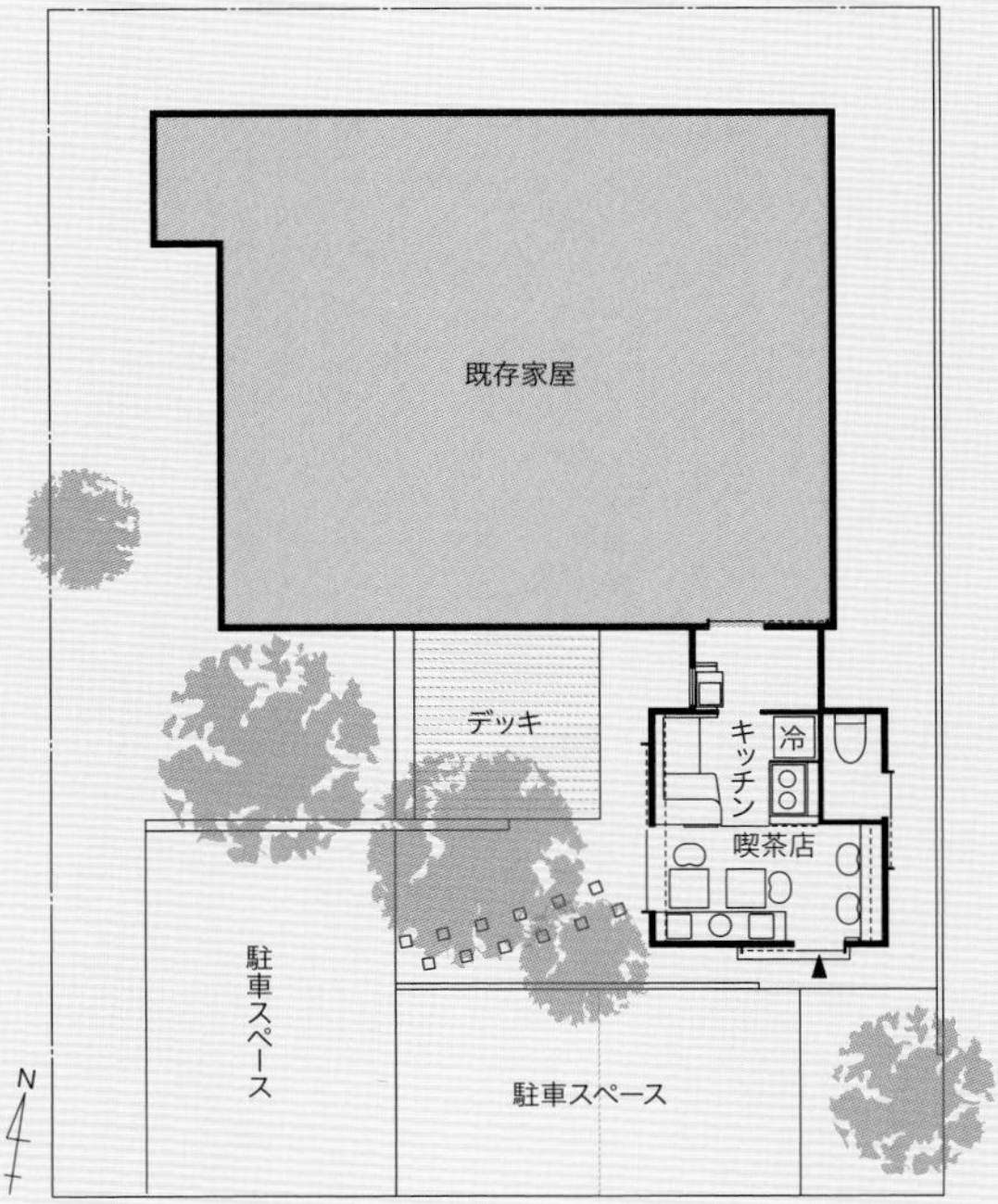

<DATA>

[ソヨロ]

竣工／ 2018年（母屋2009年）

敷地面積／ 219.84㎡

建築面積／ 13.28㎡

延床面積／ 13.28㎡

●主な仕上げ

屋根／ガルバリウム鋼板

外壁／杉下見板張り

天井／ラワン合板

内壁／漆喰左官仕上げ

床／モルタル土間

鹿屋《かのや》の家Ⅱ

外の食事が楽しめる、石土間の庭。
忙しいウィークデーも
我が家が一番と思える家。

外の食事を楽しみたい、という要望を叶えた庭。休日はここで食事をするだけでも行楽気分が味わえ、癒やされるそう。

上／テーブルとベンチはオリジナルで製作。
広いウッドデッキとつながって、庭での暮らしが
満喫できる。息子さんたちには絶好の遊び場。
左／お掃除のお手伝い。
大きな窓は、ざっと掃けて、掃除も楽。

外の食事が楽しめる家に

ご夫婦がベガハウスを訪ねたのは、お子さんが生まれる前。土地探しからはじめ、入居したのは次男くんが生まれてから。足掛け3年と長いお付き合いになりましたが、だからこそ、より満足できる家が実現できたのかもしれません。

お二人が望んだのは、市街に近くて住宅が建て込んでいない土地に、平屋の住まい。

「年をとったら2階は上がりづらいだろうし、大きい家はいらないと思いました」とご主人。設計への要望はまず、外での食事が楽しめる庭でした。そこで提案されたのが石土間の庭。石板を敷き詰め、オリジナルのガーデンテーブルとベンチを置いて、庭にダイニングスペースをつくり出しました。建物側は庇を深くとって広いデッキをつくり、大きな開口部でリビングとつなげています。リビングの造作ソファはベストポジション。庭が眺められるようにデザインされました。植栽は、お二人の要望から桜、アジサイ、ボケ、ツツジと四季で花が楽しめるものと、実の成るブルーベリーなど。

このメインの庭に対して、キッチンと書斎の間にある中庭は、光と緑を内部にもたらすための庭です。キッチンは中庭に向かってシンクを配置し、緑を目にしながら作業ができて、中庭を通して書斎の気配もうかがうことができます。そして、廊下は中庭に面した窓があることで明るくなり、奥まったところに光を届けます。

「中庭は、夜のライトアップもすごくきれいで、はじめて見た時はとても感動しました」と奥様。日々の暮らしの中で癒やしの空間にもなっているようです。

仲よくおやつ。外も室内も広々として音を気にせずたっぷり遊ばせることができる。

庭からウッドデッキ、
リビングへと
ひとつながり。
非日常が味わえる、
普段の空間。

キッチン側からリビングに向かって。
庭に大きく開けたリビングには、
L字に造作家具を配してすっきりと。

inside story

造作ソファ

リビングにぴったり合う造作ソファを作成（写真／右）。庭をゆったり眺められるよう、少々シートハイの高いソファを提案した。シートは、軽やかに見えるよう薄めに、そして、薄くても座り心地がいいようにウェービングベルトを張った上にウレタンを載せている。つまり、空間にジャストサイズな造作ソファでありながら、既製ソファの座り心地を実現。見た目も座り心地も両立させた。

上／ダイニングから庭に向かって。奥様のデスクを壁側に設けた。独立したスペースなので仕事もはかどるそう。

リビングからキッチンに向かって。右のドアの先は玄関。

右／キッチンのシンクは
中庭に向かって配置。
緑を背景に作業ができて、
向こう側の書斎の様子も
うかがえる。
左／ダイニングと
キッチンの間の仕切り壁は
キッチンカウンターの上や
作業が見えない高さに。
雑多なものが見えないので
とてもすっきり。

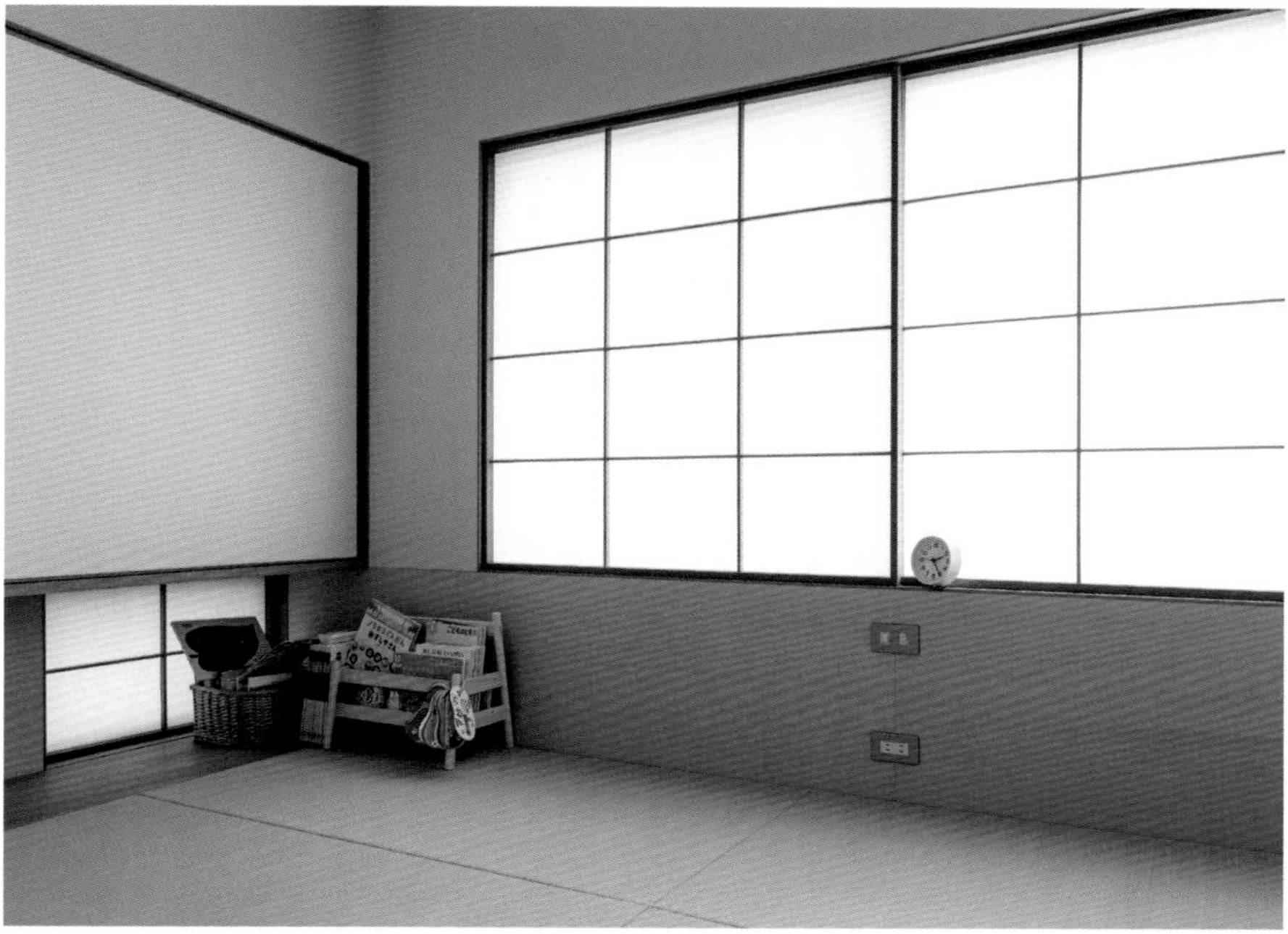

忙しい日常こそ、ストレスフリーに。すっきり楽に暮らすためのしつらい。

右／右奥が書斎。左奥に洗面所、浴室、物干し場があり、その手前にウォークインクローゼットがある。洗濯動線がコンパクトにまとめられていて便利。

上／現在は寝室として使っている和室。家族構成の変化や来客時など、様々に対応できるよう畳の部屋を一室つくった。

右／アプローチ。広くとった玄関前スペースの左の扉は、外部用の収納。
上／周辺にはほとんど民家のないのどかな地域。プレーンな平屋に、雨でも濡れずに乗り降りできるビルトインガレージとした。

暮らしのすべてが画期的に変わった

「とにかく、すべてが画期的に変わりました」(奥様)。

前に住んでいたマンションでは、子どもの遊ぶ場と仕事するテーブルが一緒だったり、スペースが足りなくて常にごちゃごちゃで、それがストレスだったといいます。でも、今は、「ダイニングの一画につくってもらった自分の机で仕事が広げられるので、持ち帰り仕事がはかどるんです。子どもたちのおもちゃは別の場所だから、多少、散らかっていても『ま、いっか』と思えるし」と素敵な笑顔を浮かべます。


キッチンも、以前はカウンター上の雑多なものが目に入っていやだったそう。そこで、ダイニングとの仕切り壁を高めにして、リビング側からは家電類もすべて見えないようにしました。忙しい奥様が、日々ストレスなく暮らせるよう、ウォークインクローゼットも広くとり、リビングも物が見えないように収納を設けてすっきりさせています。

「以前は、休みの日は出かける方でした。近隣のことを考えると、音を気にして室内で子どもを思いっきり遊ばせることができなくて。でも、今は家にいることが多くなりました。子どもも思いっきり遊べるし、家が一番落ち着ける。

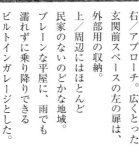

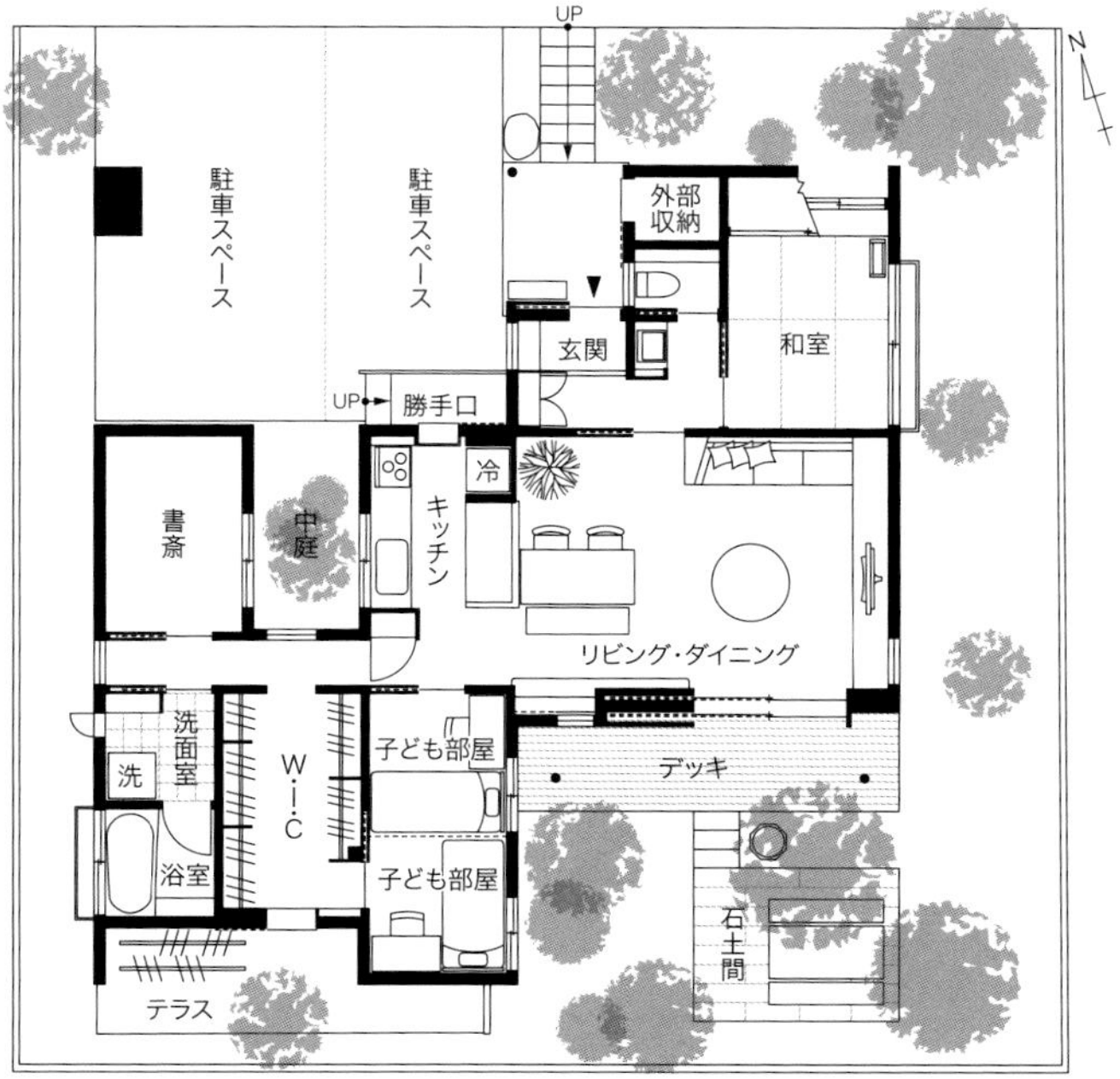

ぼっーとしていても癒やされます」（ご主人）

「庭でご飯を食べたりするだけで、休日を満喫できた気持ちになるんです」（奥様）

住んでから足したのは、クローゼットのロールスクリーンくらい。ベガイク（コラム10参照）では、庭のテーブル天板を張り替えたり、ウッドデッキも塗り直したそうです。

「住んでいればいろいろ手入れの必要も出てきますが、何かあればベガハウスに連絡すれば足りる。あっちこっち連絡しなくていいのは、とても助かります」（ご主人）。

完成してからが、本当の家づくり。長く楽しく続けていきたいですね。

<DATA>
［鹿屋の家Ⅱ］
竣工／2015年
家族構成／夫婦+子ども2人
敷地面積／269m^2
建築面積／134.38m^2
延床面積／90.46m^2
●主な仕上げ
屋根／ガルバリウム鋼板
外壁／シラス左官仕上げ
天井／シラス左官仕上げ、ピーラー材
内壁／シラス左官仕上げ
床／パイン材、畳

6 庭はどうつくる？

四季を感じられる庭は、暮らしにスパイスを与えてくれる、家に欠かせない大切な要素です。季節ごとに楽しめる草木や、実のなる木、家庭菜園もいいでしょう。植栽計画の際に気をつけたいのは、住み手のキャパシティ（受容力）を越えないこと。植物の手入れに疲れ果ててしまっては意味がありません。庭が荒れると心も荒れてしまいます。後々、増やしていけるので、まずは住み手のキャパシティに合った植栽からスタートします。

また、庭づくりは緑だけではありません。庭で何をしたいかによります。例えば、アウトリビングという選択もあります。ウッドデッキにしたり、石やタイルを張った土間にしたりと方法も様々。庭でくつろぎ、食事やＢＢＱも楽しめます。

ひとつ、心構えをしてほしいのは、庭は家と町をつなぐ半公共的な場であるということ。前項で、家づくりを映画づくりに例えましたが、それになぞると庭は映画館のようなもの。映画はテレビやスマホで個人的に楽しめますが、臨場感や迫力は映画館にかないません。でも映画館は公共の場、隣に人がいて、一斉に笑ったり泣いたりと感情も伝わってきます。庭も同じ。木や花を一緒に楽しんでもらえる反面、落ち葉を放っておいたり、大勢で大騒ぎをすれば迷惑となってしまいます。花や果実をお裾分けしたり、近隣の方々と一緒に笑えるようなおつきあいが庭を通してできるといいですね。

Vega's suggestion

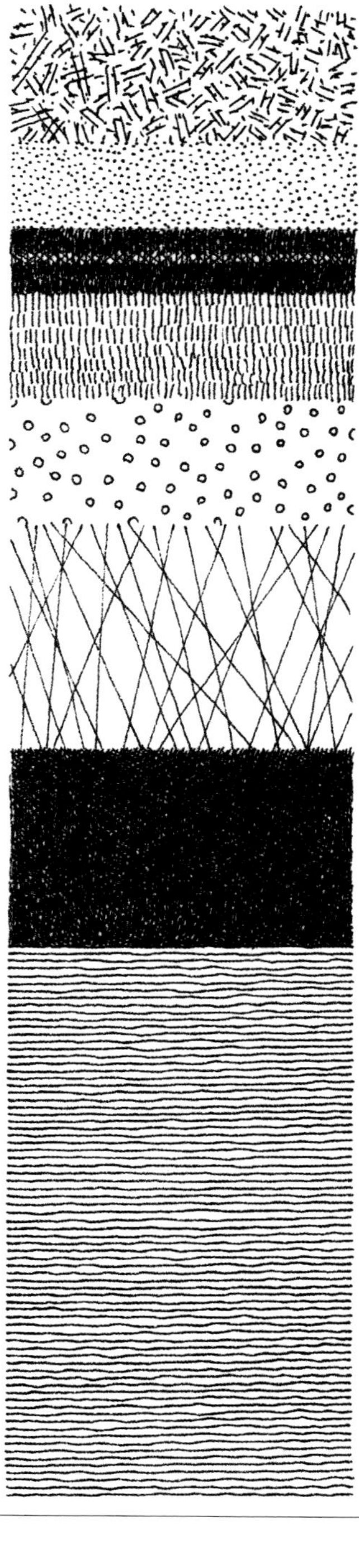

暮らしにスパイスを与えてくれる庭は、
自分たち家族に合ったスタイルで楽しみましょう。

吉野の家Ⅱ

桜島とピアノ室と人の〝いい距離感〟を計った、ムダのない家。

桜島が見えるリビング。L字に窓をとって、視界に広がりをもたせた。

桜島が見える
2階リビング。
見下ろせば、
ピアノ室。
ほどよい距離感に。

右／リビングのL字の腰高窓の外には、建具のメンテナンス用に奥行きの浅い縁を回した。外観のアクセントにもなっている。
上／桜島も海も望める窓辺に沿って、ベンチ収納を造作した。たくさん座れて、ホームパーティにも便利。

桜島とピアノ室、2つの主題に絞ったプランニング

共にこの地域で生まれ育ち、奥様のご実家の隣に家を建てることを決めたご夫婦。家づくりをどこに頼むか迷い、3社にプラン出しを依頼したお二人は、ベガハウスの提案に即決したそうです。決め手は、桜島が見えること。

「この並びの家はみんな別の向きに建っていて、たぶん家の中から桜島が見えないと思います。実家も見ようとしなければ見えません。なので、2階のリビングからいつも桜島が見えているベガハウスのプランはダントツでした」。

そう話す奥様の要望はもうひとつ、グランドピアノを置く部屋が欲しい、そしていつかピアノ教室が開けたら、というものでした。一般的に、ピアノはリビングに置くことが多いですが、それでは「弾きたい時に弾けないし、家族もうるさいでしょ。かといって、切り離されているのも寂しい。ある程度は聞こえて欲しいし」という要望と教室を開いた場合を考慮して、ピアノ室は別棟としました（inside story 参照）。住み始めて7年。いつかといっていた教室は引っ越してすぐ始め、発表会は5回目を迎えたそうです。

また、別棟にしたことで生まれた副産物も。棟をつなぐ

L字に配置されたリビング・ダイニング。右のカウンター内がキッチン。ワンルームのLDKは、柱でうまくゾーニングされている。

デッキです。そこには桜が一本。虫が付きやすいことから庭木には敬遠される桜ですが、迷った末、植えることに。「植えてよかった、すごくきれいですよ。毎年、お花見もするし、普段もここで食事をしたり」とご主人。植物好き、きれい好きな奥様の手入れのたまもののようです。

上／リビング奥のソファは、正面に桜島が見える特等席。
右上／ダイニングスペースは天井を張って落ち着いた雰囲気に。リビング側は天井を高くして開放的に。
右下／隅々まできれいにしているキッチン。収納はだいぶ少なめ、それでも「十分」と奥様。

ピアノ室を分棟にして、
別々の動線を確保。
中2階とデッキで住まいとつなぐ。

inside story

プランニング

桜島が見えるよう道路側に寄せ、2階の角にリビングを置いた。L字に設けた窓は、近隣と視線が交わらないよう考慮している。ピアノ室は、教室を開いた場合も想定して別棟に（写真／左、右の片流れの棟がピアノ室、左が住まい）。家族のプライバシーを守るために、メインの玄関は2棟の間に、家族用の玄関は1階に設けた（写真／右、右がメイン玄関の階段、左のアプローチが家族用玄関）。ピアノ室を中2階としたのは、1階と2階の中間に置いて、住まいとつながりをもたせるため。2階のリビングからは弾いている様子がうかがえ、ドアを開けておけば音も聞こえる。さらに、敷地奥の外部にデッキを張って2棟をつないだ。

上／ピアノ室の一画を畳に。教室の待合スペースにも打って付けだった。
左／音響のために天井を高くとったピアノ室。壁に吸音材を張ったのみだが、断熱材が防音効果も上げている。

右／ピアノ室と住まいをつなぐメインの玄関スペース。奥がピアノ室、手前が住まいの階段。
左／家族用の1階の玄関からデッキに向かって。

ピアノ室と住まいを結ぶデッキには、桜の木を1本。毎年、花見を催したり、普段も食事を楽しむ。

メリハリの効いた選択でムダのない間取り

総2階の住まいは、2階にLDKと寝室、1階には子ども部屋と水回り、そして家族全員で使う広いウォークインクローゼットがあります。洗濯物を干すデッキに面しているので、洗濯動線が短くてとても便利です。

「ムダのない間取りですね。使ってない部屋がありません。子どもが小さい時は、1階の子ども部屋にみんなで寝て、2階の寝室を子どもの部屋にしていました。子どもが成長した今は、子ども部屋を2つに区切って娘と息子の部屋に。掃除も、このくらいの広さだと楽ですよ」（奥様）

設計時にあきらめたのは、ご主人の書斎。検討していく中で、必要ないね、となったそう。和室も住まいにはつくらず、ピアノ室の一画を畳にしました。教室の待合としても便利で、家族で食事もするそうです。また、収納は、プランナーも舌を巻くほどの奥様の断捨離ぶりから最小限に。それでもまだスペースが空いているとか。片やご主人の趣味の釣り道具は、大切な棹は1階に収納を造作し、それ以外はピアノ室棟の床下を活用した外部収納へ。

ご夫婦の割り切りやメリハリの効いた取捨選択が、ムダのない、この家族だからこそその家をつくり上げました。

<DATA>
［吉野の家Ⅱ］
竣工／ 2012年
家族構成／夫婦+子ども2人
敷地面積／ 224.39m²
建築面積／ 62.39m²
延床面積／ 98.43m²
●主な仕上げ
屋根・外壁／ガルバリウム鋼板
天井・内壁／珪藻土壁紙
床／パイン材

昨年、桜の木に取り付けた巣箱には、シジュウカラがやってきた。
そのせいか、虫が例年より少なかったそう。

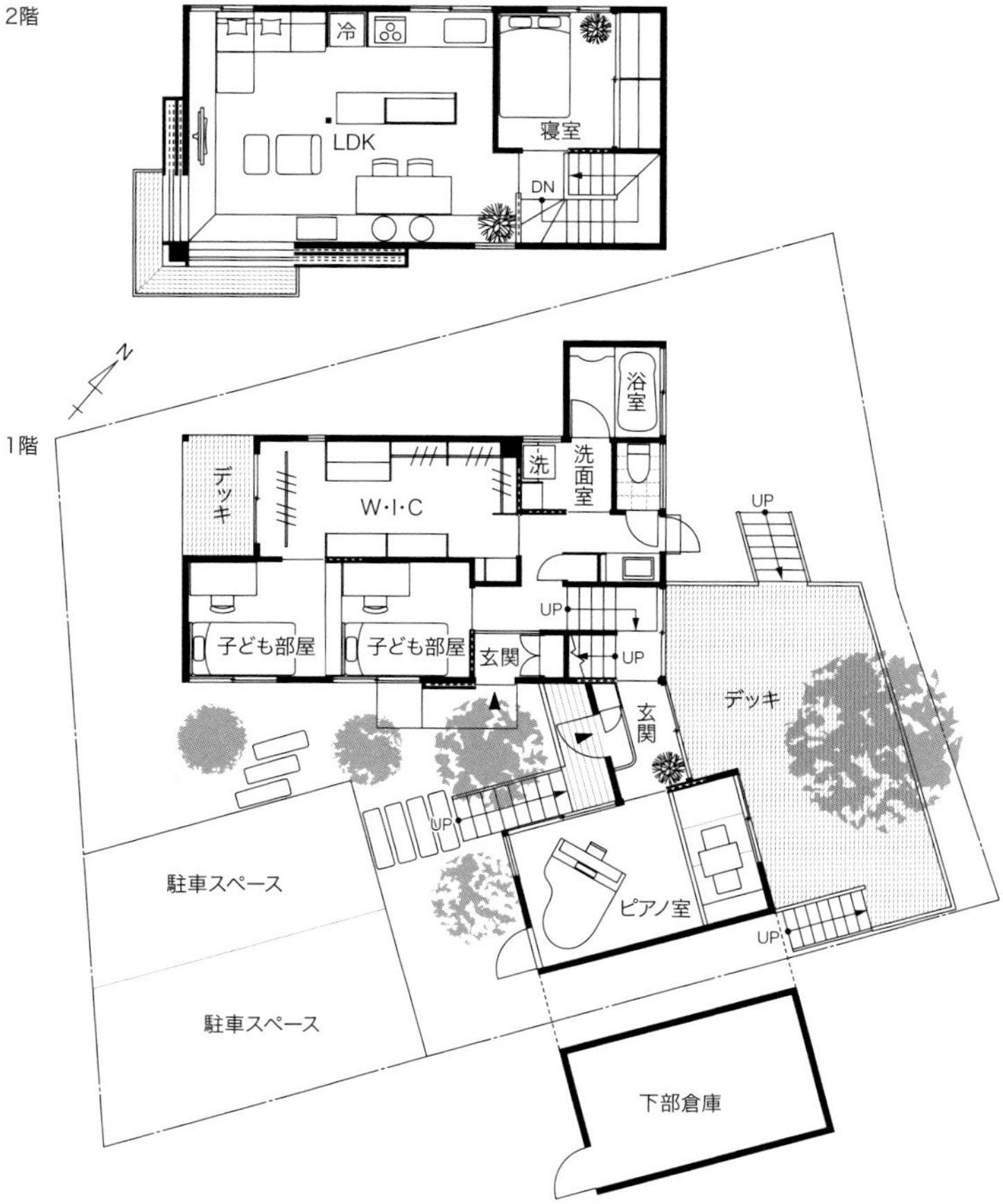

コラム　ベガハウスの家づくり　代表・大迫学が語る

7 造作家具とは？

家具は、その家族がよりよく暮らすための道具です。ですから、ただ好みだけで選べるものではありません。その家族のストーリーがまずありき。どういう暮らしがしたいのか、その望む暮らしを演出し、身体をあずけて心地いいもの、そして好みの素材・色・形で美しいと思えるものが望ましいでしょう。

例えば、ダイニングテーブルと椅子。目的としては食事をするためのものですが、その空間と住まい手によって選択が変わってきます。コンパクトな間取りで場所も決まっていれば造作のテーブルとベンチがいいかもしれません。ご夫婦2人で食事は短く、ソファでゆっくりくつろぎたいという場合は、テーブルではなくカウンターを造作した方がいいかもしれません。大人数の家族は、大きな丸テーブルで各々好きな椅子を選んでもいいかもしれません。リビングも同様です。暮らし方によっては、庭を眺められる大きな造作ソファが合っているかもしれませんし、ソファではなく、畳のほうが合っているかもしれません。収納についても同じことです。

私たちは、その家族に合ったベストな家具を考えます。あるものから選ぶのではなく、〝こういうものが欲しい〟からスタートし、欲しいものが見つからなければつくるのです。それがベガハウスの造作家具です。

Vega's suggestion

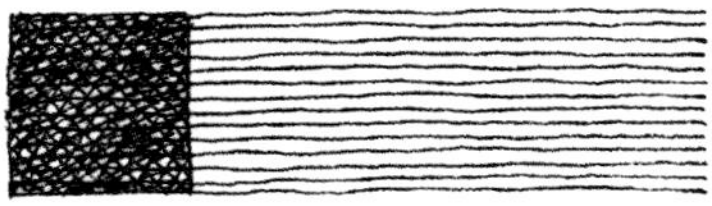

ベストな家具が
見つからなければ、
一緒につくりましょう。

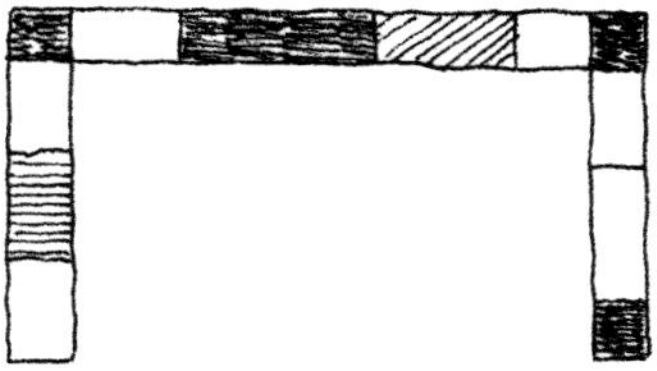

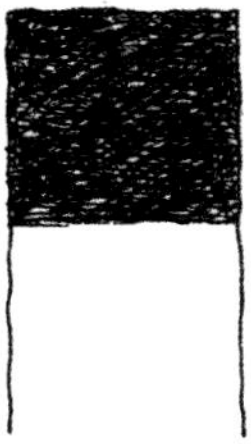

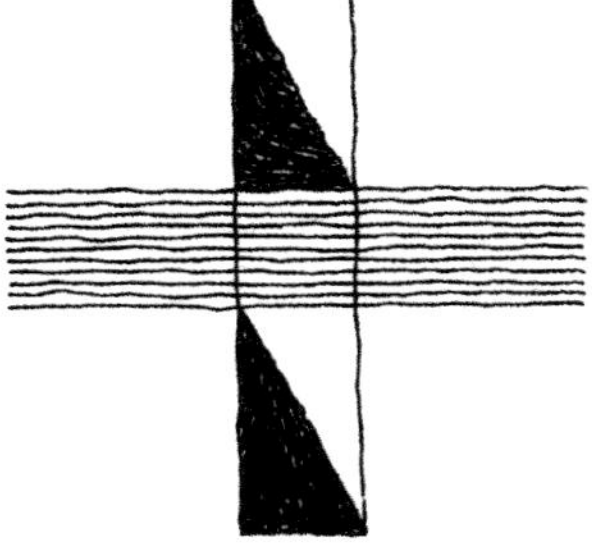

石谷の家

ワンルームに様々な場のポテンシャルをちりばめた、天窓のある家。

天窓から美しい日が射し込むダイニング。日時計のように光は壁面を移動し、季節の移ろいまで知らせてくれる。

和室の機能も持ち合わせた広々リビング。家具の配置も遊びも自由自在。

庭に面した2つの窓で、昼間は照明がいらないほど。子どもたちものびのび。走り回っても「静かにと言わなくてよくなったのも、家を建ててうれしかったことですね」とご主人。

右・上／
のびやかな勾配天井と
大きな窓で開放感に
あふれたリビング。
中央には畳を敷き込んだ。
キッチン側は天井を張り、
屋根裏収納を設けている。

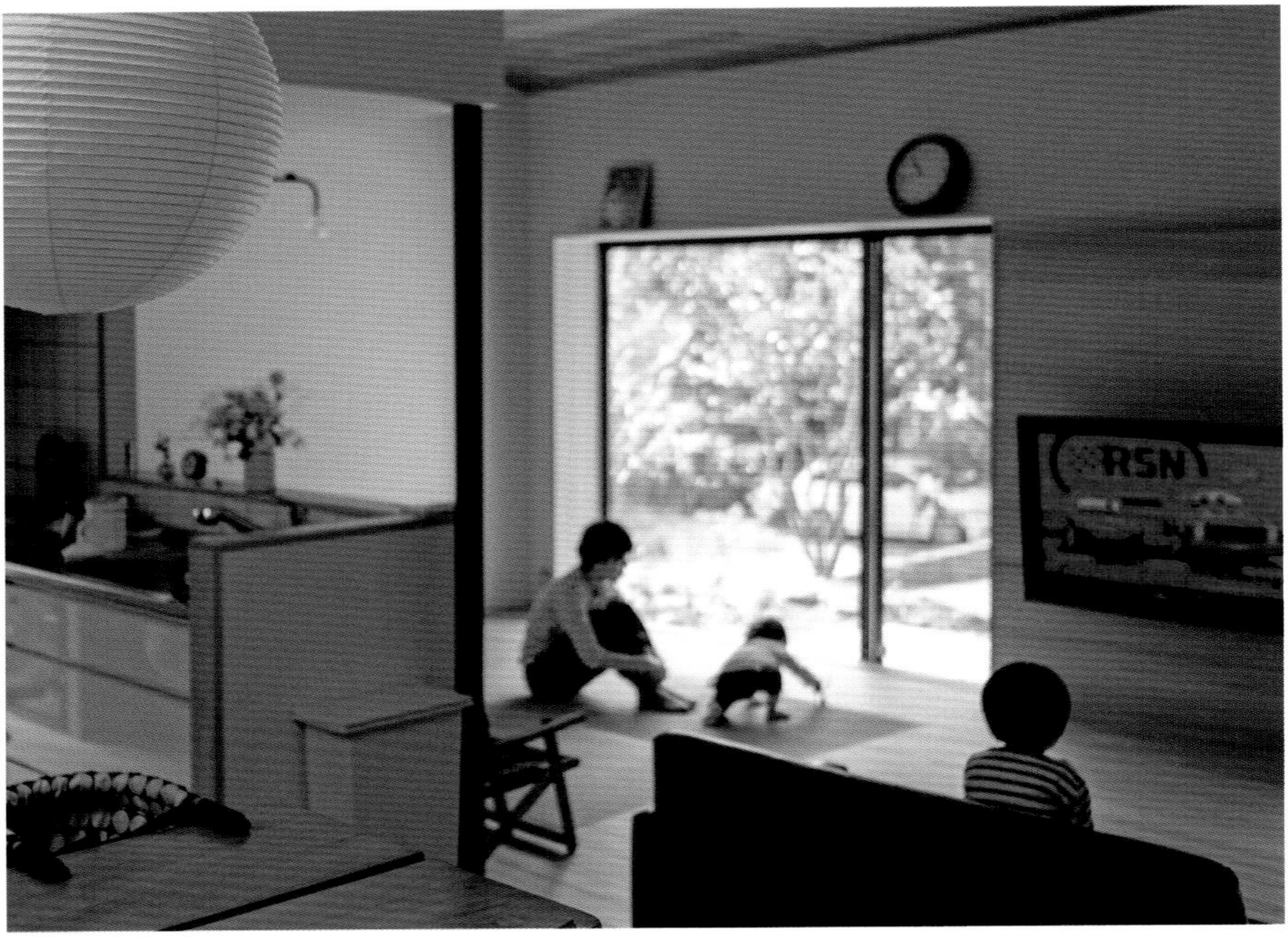

ダイニングからキッチン越しにリビングを見る。
どこにいても子どもたちの様子がうかがえる。

inside story

北側の天窓

数度のプラン変更を経て、最終的にリビングを南側にダイニングを北側に置くこととなった。そこで、北側のダイニングに光を届けるために天窓を計画。北側の窓は、一般的に天候や季節の影響を受けにくく安定した光が得られることから、絵画などのアトリエでは常套手段となっている。また、天窓にすると光と影がきれいに室内に落ちるという効果もある。実際にどのような感じになるかご夫婦に理解してもらうために、ベガハウス社屋2階の北側に設けた天窓を見学いただいた。晴天だと昼過ぎから光のラインが室内に伸び、まるで日時計のように移動し、日射時間の変化で季節の移り変わりも感じられる。その様子を体感されたご夫婦は、天窓の導入を決められた。

射し込む光が、時を刻む。
奥まったダイニングに
明かりを届ける天窓。

上2点／リビングから
ちょっと奥まったところに
配置したダイニングは、
落ち着いて安らげる
家族団らんの場。
天窓はそこに様々な
表情の光を届けてくれる。
陰影があるからこそ、
美しい光が生まれる。

障子を閉《た》てるとなんともおだやかな空間に。畳スペースは和室のように使える。家具はご主人がじっくり好きなものを選び、配置も時々変えて楽しんでいるそう。

懸案事項を魅力に転じた天窓

お子さんが生まれ、そろそろ一軒家をと考えたご夫婦がベガハウスを訪れたのは4年前。土地探しからはじめました。通勤を考慮して鹿児島市内に絞り、平屋を建てたいという希望に見合うこの土地がみつかったのは1年後。南北に長い敷地の奥に家を、道路側に駐車スペースと庭をとる配置計画が成されました。平屋を希望したのは、いずれ夫婦だけになった時に2階は使わなくなると思ったから。そして、一番の要望は「家族が感じられる家」でした。子どもたちが大きくなって個室をもつようになっても、家族みんなと顔を合わせられる家。近すぎず遠すぎない距離感のある家、というものでした。

そこで、リビング・ダイニングから各個室に入っていくプランが練られました。リビング・ダイニングの隣に子ども部屋を置き、北側には家事動線を意識して浴室、ウォークインクローゼット、寝室を一列に並べ、これらをほぼ正方形の平面に納めています。玄関と洗面・トイレだけこの正方形から飛び出させることで、使い勝手もよく、プラン的にもうまくまとまりました。

ただひとつ、懸案となったのはダイニング。ＬＤＫは

何度か検討を重ねた結果、キッチンは独立させ、庭に面した南にリビング、北にダイニングを配置することに。開放的なリビングに対して、ちょっと奥まったダイニングは落ちつける団らんの場となりましたが、日の光が入らないという気になる点が生じてしまったのです。それで提案されたのが天窓でした。天窓によってダイニングは明るくなり、晴れの日は美しい光が射し込みます。問題解決のためだった天窓は、転じてこの家の大きな魅力となったのでした。

上2点／リビングから続く、子ども部屋。奥の部屋だけ間仕切り壁を入れ、オープンにしている空間も将来2部屋に分けられるよう、窓と造作棚を2つ設けている。現在はご主人のパソコンスペースに。

多様な暮らし方を可能にする柔軟な設計

住み始めて2年近く。過不足ないと笑顔のご夫婦ですが、設計段階では迷ったところも多々あったそうです。特に悩んだのが、リビングの畳。はじめは和室を希望されましたが、和室をやめ、リビングを広くとって床の中央だけ畳を敷き込むことで和室を兼ねさせることにしました。

「フリーロングでいいんじゃないかとも思いましたが、今は畳にしてよかったと実感しています。座って庭を見たり、子どもが昼寝したり、座卓やこたつも置ける。こういう使い勝手のよさや快適さは、図面ではわかりませんでした」

そう話すご主人はアンティーク家具が好きで、家具は住みながら集めていきたいという要望から、造作家具は最小限に。壁際はフローリングなので、家具を自由に配置することができます。子ども部屋も1室だけ仕切り、残りは後々2部屋に仕切れるようにしました。また、奥様もお勤めということで、家事動線を短くし、脱衣所には折り畳みのアイロン台を造作して、家事室を兼ねられる工夫も。

このように、日々の暮らしはもちろん時間や気持ちの変化にも応えられる、様々なポテンシャルをちりばめた柔軟な空間に設計されました。

「以前はよくわかりませんでしたが、今は他の家を見たりすると、ベガハウスの家は細部のつくりもやっぱり違うと思います。そして、特にいいと思うのはベガイク（コラム10参照）ですね。兄が、ベガハウスはアフターのサポートがいいよと言っていたんですが、住んでからその本当の意味がよくわかりました」（ご主人）

実は、ご夫婦がベガハウスを知ったのは、ご主人のお兄さんご夫婦がベガハウスで家を建てていたことから。当初は、あえて自分達の選択肢からベガハウスは外していたそうですが、お兄さんにアドバイスをもらい検討を重ねるうちにベガハウスで建てることに。ご兄弟共に「完成してからはじまる家づくり」を体現されているようです。

庭に面した南側の外観。南のリビング側（手前）から東の勝手口（右奥）までぐるっと深い庇を回し、夏の厳しい日射しをカットすると共に、外の動線も確保。さらに東の軒下にはご主人の趣味のサーフボードを壁掛け収納に。

右2点／「アイロンがけや洗濯物を畳むスペースが欲しい」という奥様の要望から造作した脱衣室のアイロン台。船舶に使われる丈夫な金具を用いて、使わない時は畳めるようにし、脱衣室と家事室を兼ねられるようにした。隣はウォークインクローゼットで家事動線の短縮にもつながる。

近隣からの視線を遮り、落ち着けるよう高めに窓を設けた寝室。

<DATA>

[石谷の家]

竣工／ 2018年

家族構成／夫婦+子ども2人

敷地面積／ 348m²

建築面積／ 84.36m²

延床面積／ 82.08m²

●主な仕上げ

屋根・外壁／ガルバリウム鋼板

天井／珪藻土壁紙、米杉材

内壁／珪藻土壁紙

床／パイン材、畳

コラム　ベガハウスの家づくり　代表・大迫学が語る

8　窓は大きいほうがいい？

光や風、音などが出入りする窓は、身心両方の居心地を大きく左右します。特に大きな窓は、景色と共に暑さ寒さも内部に引き入れます。家は身を守るためのシェルターと考えれば、窓は小さくしたほうが有効ですが、人は自然とつながっていたいと本能的に感じるのか、多くの人は大きな窓で室内にいながら外を感じる暮らしを求めるようです。なので、その部屋の用途によって窓の大きさを考える必要があります。家族の集まるダイニング・リビングは、やはり大きな窓のある開放的な空間がいいでしょう。明るく、外部と一体になった広がりのある室内でのびのび豊かに暮らせると思います。反対に、作業に集中したかったり、落ち着いて過ごしたい部屋は、窓の大きさを抑えるほうがいいでしょう。

そして、窓を生かすには位置がポイントです。周辺の環境や向いている方角、見える風景によって変わってきます。特に鹿児島は、冬でも日射しが眩しいので、日射に気をつけなければなりません。人の行為と時間に合わせて位置を決めていきます。

また、できれば窓は自然素材の木でつくった木製建具にしたいところ。木枠のほうが自然の風景に馴染むからです。しかし、価格面ではサッシのほうが優れているので、そこは住まい手と相談の上、選択していきます。

Vega's suggestion

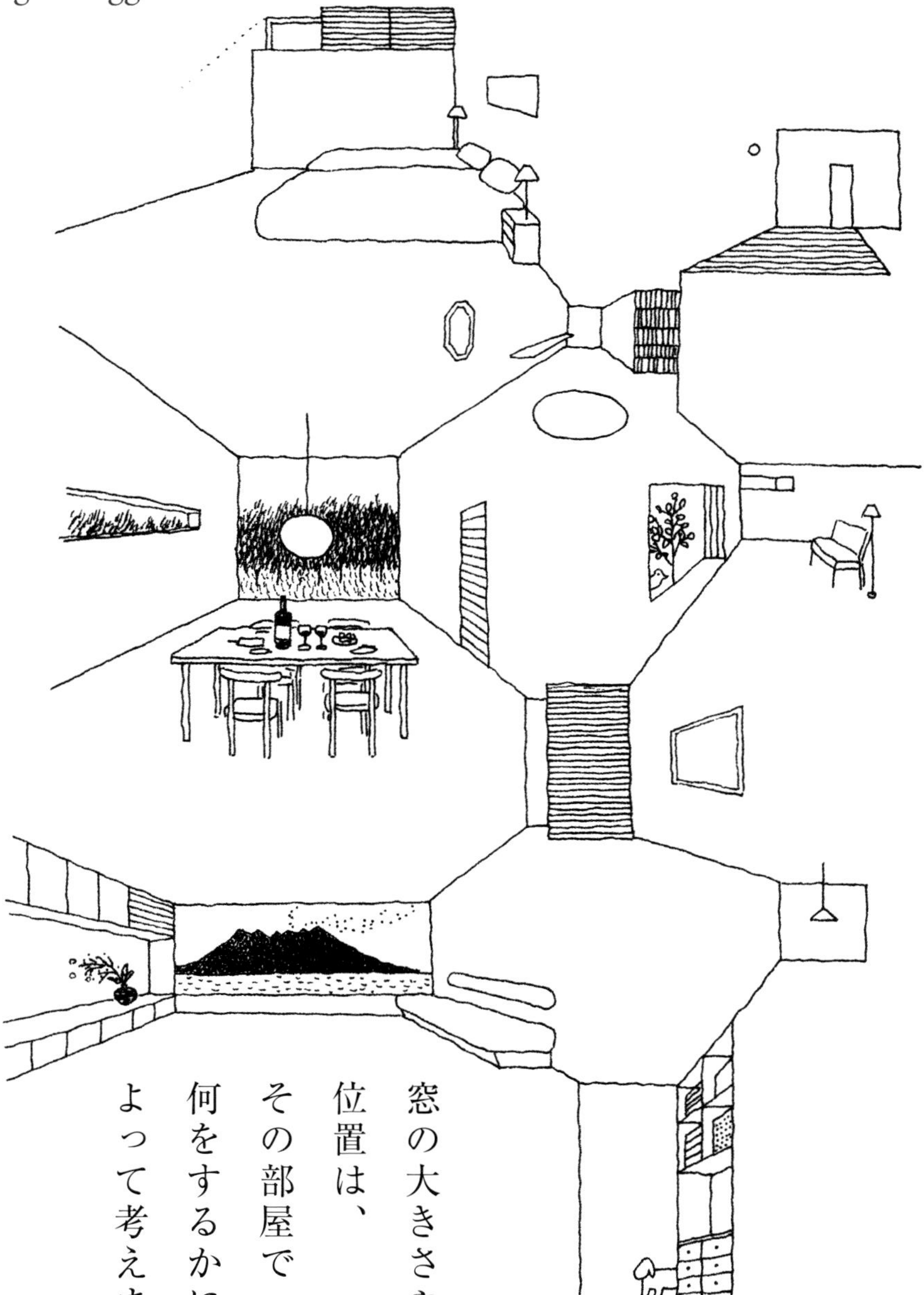

窓の大きさや
位置は、
その部屋で
何をするかに
よって考えます。

慈《じ》眼《げん》寺《じ》の家

絶景と暮らす。
住まい手が変えていける、
融通《ゆうずう》無碍《むげ》な家。

2階、吹抜けのリビング・ダイニング。
バルコニー側は掃出窓にして、
どちら側からも行き来できるようにした。
大きな開口で室内からも素晴らしい景色が見渡せる。

右ページ。上／リビングは季節ごとにしつらいや配置を変えるそう。南側（写真・右）にもバルコニーがあり、洗濯物はこちらに干す。
下／開放感あふれるダイニングスペース。窓を開ければ、バルコニーと一体になる。
上／外での食事が楽しめるよう広く設けたバルコニー。桜島と鹿児島市内が一望できる。

景色もごちそう。
内と外が一体となる、
ドラマティックな日常空間。

右2点／ロフトへの階段は、上下階の空気の通り道としてLDKの中央に。各スペースのほどよい仕切りともなり、ちょっとした物を置く棚にもなる。

素晴らしい眺望、光あふれる空間

鹿児島市郊外の傾斜地、雛壇状に家々が軒を連ねる住宅街に建つ「慈眼寺の家」。形としてはスタンダードな外観ですが、黒でシックにまとめられた佇まいからは、趣味のよさがさりげなく感じられてきます。立地的に景色が評判の場所ですが、道路側からは内部の様子はうかがい知れず、期待をつのらせトビラを開くと……、想像以上の明るい空間が出迎えてくれました。

玄関の先には光にあふれた空間が広がっています。赤い壁などハイセンスなしつらいは、奥様のアトリエ。ファッションデザイナーをしていた奥様は、結婚後に洋裁教室を始め、オーダーメイドも手掛けているそうです。

2階への階段を上がると、なんとも素晴らしい眺望が目に飛び込んできました。桜島が一望でき、眼下には鹿児島市内が広がっています。

「はじめていらした方はみなさん、わーって声を上げます。ここは急斜面でしょ。よく住む人がいるわね、なんて主人と話しながら散歩していて、上がってきたらこの景色にびっくり。一転して、ここしかないよね、とこの土地に決めたんです」と奥様。プランニングは、言うまでもなく眺

望を活かすために2階リビングとし、「この景色を見ながら外でも食事をしたい」というご夫婦の要望から広めのバルコニーをつくり、そこと行き来できるようにダイニングとリビングをつなげました。キッチンからも景色を眺めることができます。そして、高い天井を利用して収納用のロフトを設け、中央に階段を置きました（inside story参照）。

上・下／収納力のあるロフト。つくって大正解だったと奥様。生地のストックに大いに役立っている。

1階のアトリエ、フリースペース。奥は、以前は娘さんの部屋だったところ。壁を取り払ってつなげた。

娘さん家族が戻り、2世帯住宅へリフォーム

現在はご夫婦2人暮らしですが、竣工当時は娘さん2人との4人暮らし。この10年の間に、家族構成の変化によってリフォームを2度行っています。まず変えたのは、1階のアトリエ。娘さん2人が旅立った後、その2部屋を奥様のアトリエへとリフォームしました。一部屋は壁を取り払ってフリースペースとつなげ、正面の壁を赤く塗ったり、奥様のセンスが光るデザインが施されています。

そして一昨年、上の娘さんがこの家を継ぎたいと一家で戻ってくることになり、2階の和室を娘さん家族の寝室へとリフォーム。間取りはそのままに、2世帯住宅に変わりました。同居は予想外だったそうですが、娘さん家族の決断は、この家の魅力を物語っていますね。残念ながら、娘さんのご主人の転勤で、しばらくはまたご夫婦2人とのことですが、いずれ賑やかな家となっていくことでしょう。

訪れる度に変化し続ける「慈眼寺の家」。

「飽きるから、いつも何かしら変えているんです。家具の配置や照明の高さも。この家は、いくらでも変えられるところがいいですね」。センスのよさに加え、住みこなす力も持ち合わせている奥様。

美しく、かつ機能的に片付けられたアトリエ。
収納自体がインテリアデザインの一部となっている。

「好きこそ、ですよ。好きだから」。チャーミングに笑う奥様のファンに、すっかりなってしまいました。

住まい手自身が、変えられる。
自由度をもたせた空間設計。

こちらも以前は
娘さんの部屋だったところを、
ディスプレイスペースに。

急斜面を造成した
住宅地は、遮るものがなく、
空が近く感じる。
1階のデッキは木の塀で
囲われているので、外からの
視線を気にせず暮らせる。

inside story
間取りと全館空調

吹抜けのあるワンルームのようなオープンな間取りの場合、冷暖房は特にしっかりと計画しなければならない。空間が大きくなれば、冷暖房が効きにくくなってしまうからだ。この家では、住み手の希望もあり、全館空調システムを採用。1階の床下から冷気・暖気が室内に流れ、ゆるやかに家全体を冷暖房するしくみで、大きな空間には向いている。ただし、プランでは家中の空気が循環し、温度ムラが起こらないようにすることが大切。上下階の空気の循環を促すために、階段はできるだけ家の中央に置いている。また、オープンな間取りと全館空調は、リフォームにも対応しやすく、期せずして2世帯住宅となったこの家ではベストな選択だったといえるだろう。可変性の高い、融通無碍な家となった。

上／たくさんの窓とデッキが設けられていて、とても明るく開放的なアトリエ。
左2点／奥様のセンスが至るところから感じられてくるインテリア。

＜DATA＞

［慈眼寺の家］

竣工／ 2008年

家族構成／夫婦+子ども2人（竣工時）

敷地面積／ 227.34m^2

建築面積／ 79.49m^2

延床面積／ 138.76m^2

●主な仕上げ

屋根／コロニアル瓦葺

外壁／ガルバリウム鋼板

天井／シナ材

内壁／珪藻土壁紙

床／杉材、畳

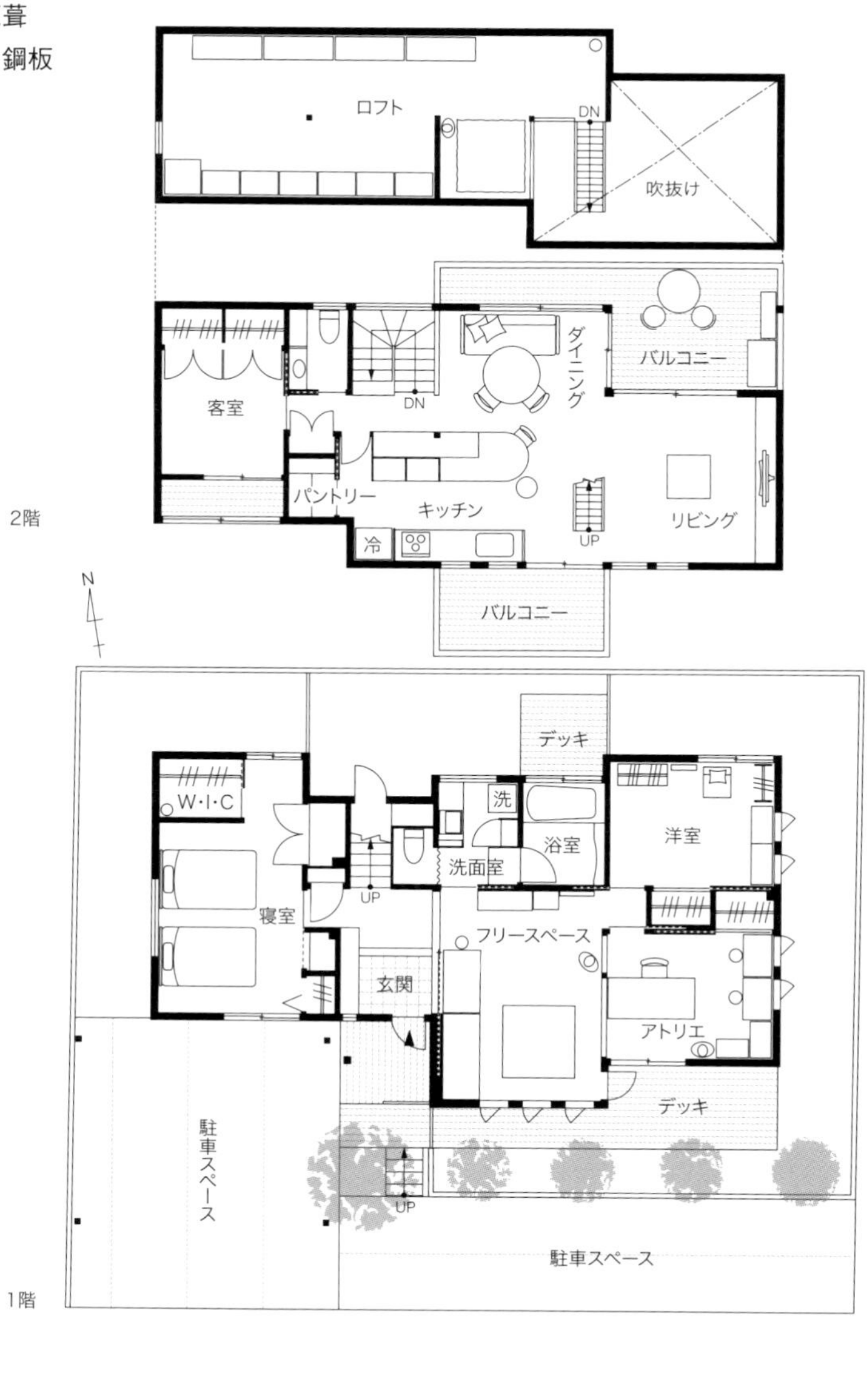

9　冷暖房と間取り

省エネ基準という言葉を聞いたことがありますか？　これは建物の省エネ性能について国が定めた基準です。ベガハウスでは、この基準を十分満たした上で、さらに快適な室内を目指しています。その室内環境に大きく関わるのが、冷暖房。ただ設備機器を選択すればいいのではありません。なぜなら、間取りと大きく関係しているからです。間取りはその家族のストーリーから編み出していくもの、その間取りによって冷暖房も考えていく必要があるのです。

まず冷暖房ではじめに考えたいのが、個別空調にするか、全館空調にするかということです。個別空調は現在の一般的な方法で、部屋ごとに機器を設置して冷暖房するものです。

全館空調はひとつの機器で家全体を冷暖房するものです。大きな空間がある場合や、L字、コの字型などの変形の間取りに有効です。天井の高い広い空間でも温度差が少ないので、健康的な快適さが得られます。各部屋に機器を置かなくていいので空間もすっきり。家族や時間の変化でオープンな間取りを個室化したい場合にも対応できるのでお勧めです。

Vega's suggestion

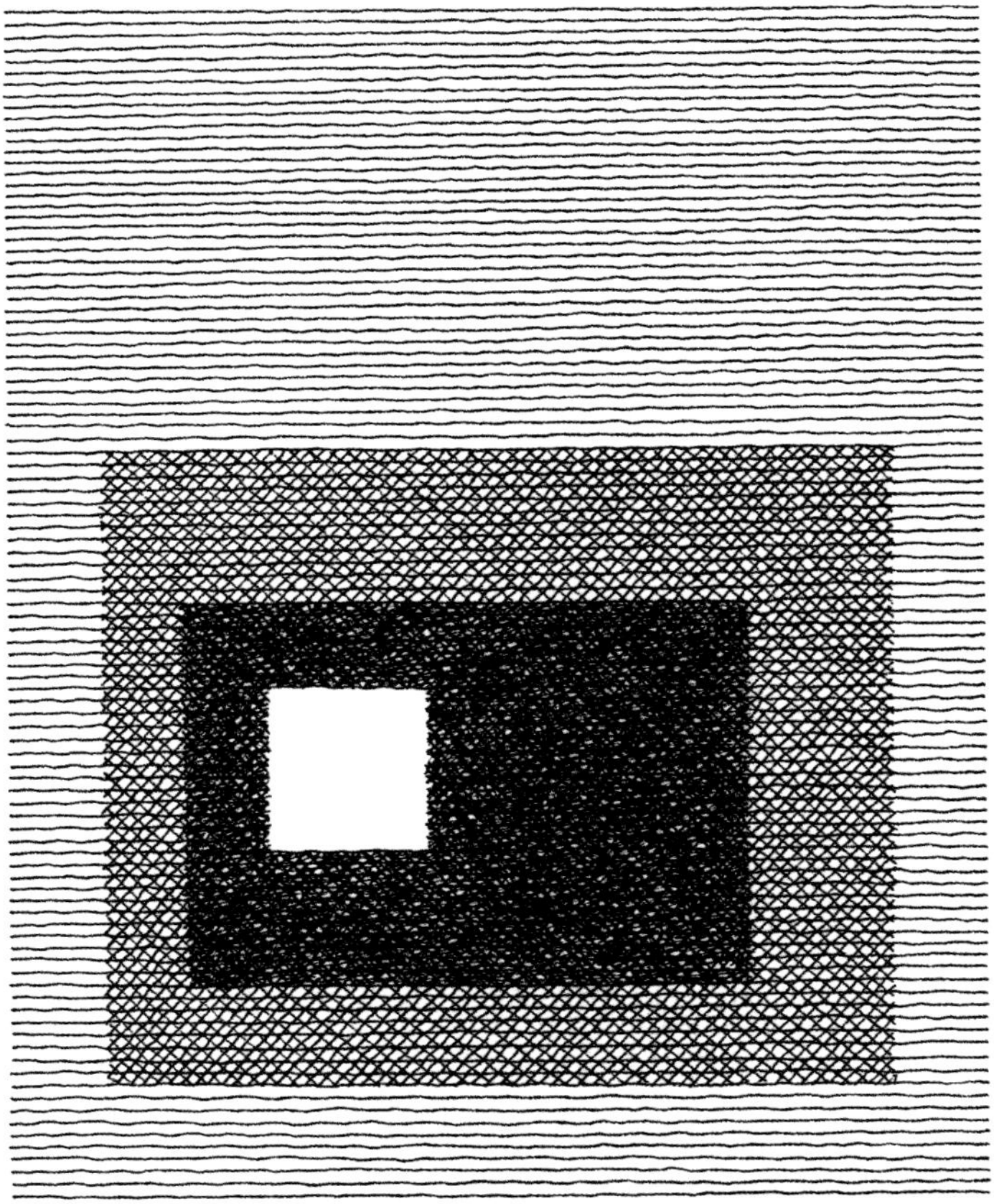

冷暖房は、
間取りに合わせて
考えましょう。

鹿屋《かのや》の家Ⅲ

ピアノが主役。大好きな音楽を、心地よく、存分に楽しめる家。

グランドピアノが主役のリビングは、
高い天井までいっぱいに開口を設けた開放的な空間。
障子が照明器具のように、
光を拡散し室内全体をやわらかく照らす。

ピアノのための空間デザイン

市街地からは車で十数分と便利な地域でありながら、ほとんど建物が建っていない川沿いの開けたところに並んで建つ2軒の平屋。わんこが出迎えてくれた小さい平屋に歩を進めると、室内には外からは想像できない素敵な空間が広がっていました。

天井の高い大空間にはグランドピアノが凛とした存在感を放ち、障子を通したやわらかな光が満ちています。なんともいえない心地よさ。住まい手は音楽の先生で、ピアノを存分に楽しむためにこの家を建てたといいます。

「土地探しからベガハウスに相談しました。お隣もベガハウスで建てた家なのですが、見学会に参加したらベガハウスの作風が気に入ってしまって。それで土地探しからお願いしたところ、隣のこの土地はどうかと提案してくれたんです」とご主人。通勤や生活する上で便がよく、ピアノの音の問題や犬の散歩を考えると好立地だったことから決めたそうです。そして、要望はただひとつ、グランドピアノを置ける空間。

「一人暮らしなので、部屋がたくさんあっても面倒ですから、ワンルームのＬＤＫにピアノを置いて、あとは寝室と客間だけつくってもらいました」。

プランニングもデザインもピアノを主役に考えられました。まずは、グランドピアノというボリュームのあるもので圧迫感を与えないよう天井を高くとり、ピアノに日が当たってはいけないので、壁面の片側だけ欄間のある大きな開口部を設け、採光を考慮して障子にしました。そしてピアノを置く側は高い位置に小窓のみ。ピアノという「洋」のものが、障子という「和」を背景に、うまく融合したのびやかな空間となっています。デザイン面では、柱や照明、テーブルの脚などピアノに同調するよう黒にしました。

左ページ／ピアノ側は小さな明かり窓を高いところに配置。ピアノには日を当てず、美しい光を採り入れる。

右／欄間を設けた掃出窓の先は、ウッドテラスのある庭。ピアノに日が当たらないよう障子は閉めているが、映る木々が絵画のように外の気配を伝えてくれる。
上／作業をするキッチンは天井を張って通常の天高に、ダイニングは屋根なりの高い天井に。造作のテーブルと収納で空間もすっきり。

inside story

丸みをつけた垂れ壁

広いLDKの中央には、構造的に柱が必要となった。そこで、目障りとならず、むしろインテリアデザインの一要素となるよう細いスチールを用い、ピアノに合わせて黒で塗装した（造作テーブルの脚も、ダイニングの照明も同様に黒とした）。そして、その上の垂《た》れ壁の角も、柱に合わせて丸みをつけている（写真／右）。簡単そうに見えるが、ただ丸く削ればいいわけではなく、壁内部の桁《けた》をずらして接続するなど工夫が必要。手のかかる加工だが、ここは見え掛かりとしてぜひとも丸くしたいところなので、一手間加える仕上げとした。

すべてはピアノのために。
音楽を心から、
自由に楽しめる至福の空間。

快適で住み心地も満足

広いワンルームのＬＤＫですが、ピアノのあるリビング側とキッチン・ダイニング側は天井の高さと柱でさりげなく領域分けされているのも、居心地のよさの一因となっています。キッチン、ダイニングは収納やテーブルが造作され、コンパクトにまとまっていて使い勝手も抜群。リビングには、大好きなレコードのコレクションを収納できるボードも設えました。蓄音機で思う存分、音楽を堪能できます。

「ちょっと前に声楽家の友人がうちに練習に来たんです。それで、周囲に音が漏れてないか心配になって外に出て聞いてみたんですが、ほとんど聞こえてこなくて、すごいと思いました」とご主人。というのも、特別な防音施工はしておらず、防音効果のある断熱施工で音も抑えられているからです。室内環境もよく、暑がりのご主人は、冬でも暖房器具はほとんど使わずに済むそう。天井と壁の仕上げは、ピアノへの影響も考慮して、調湿作用のあるシラス壁にしたので、夏でも湿気が気にならず快適といいます。

ほぼ、おまかせだったという家づくりで、「こうすればよかったと思うところ？　うーん、今のところないですね」。そう話して、犬のお散歩に行かれたご主人。その足取りは軽く、わんこもはずんでいるように見えました。

右／リビング収納には、たくさんのレコードとプレーヤー。防音はしていないが、外に音はほとんど漏れず、音響もいいそう。
左／蓄音機の音はまた格別。近隣に気兼ねなく、たっぷりの音量で好きな音楽を楽しめる。

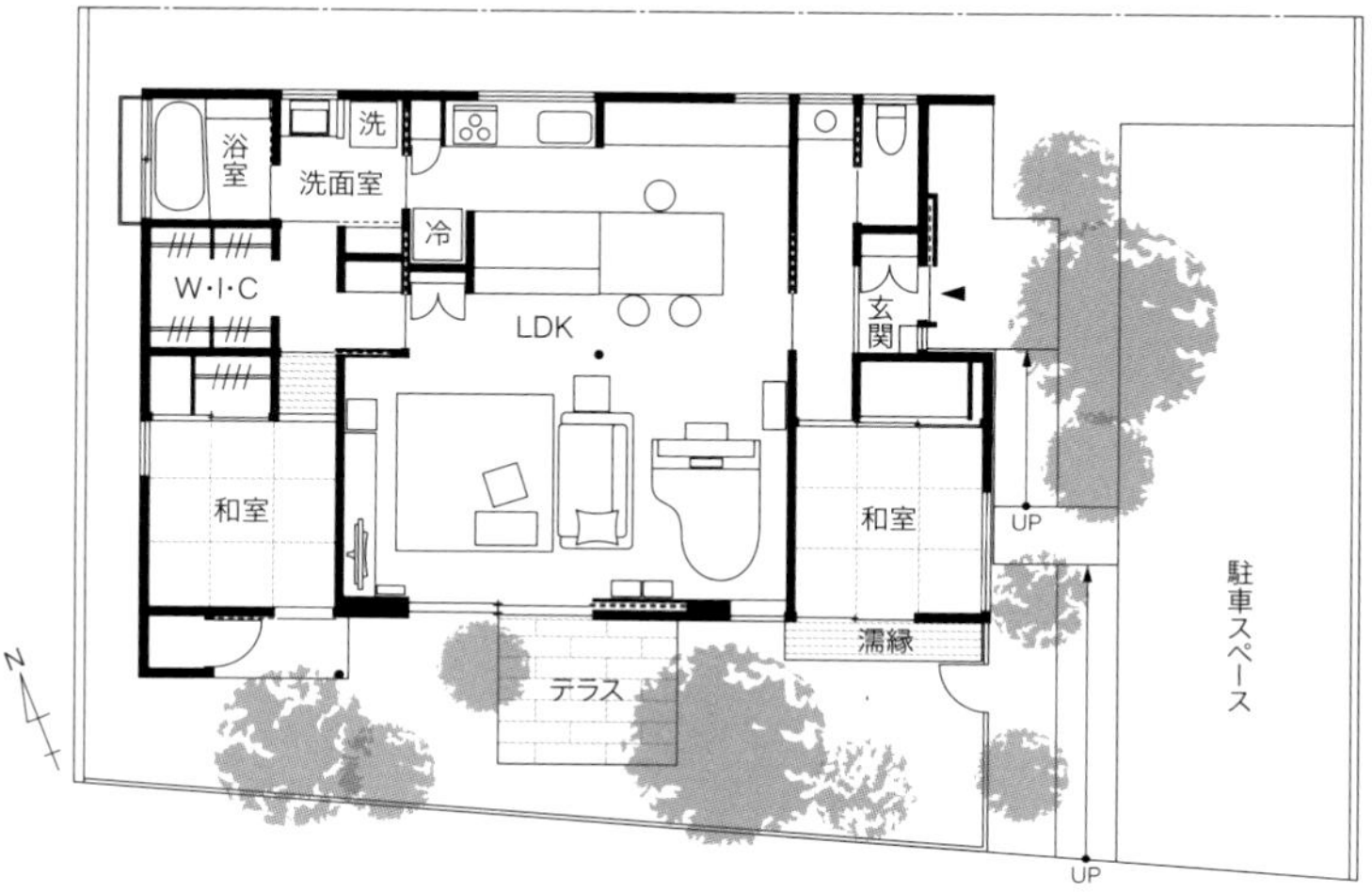

＜DATA＞
［鹿屋の家Ⅲ］
竣工／ 2016年
家族構成／本人+犬
敷地面積／ 209m^2
建築面積／ 88.6m^2
延床面積／ 83.63m^2
●主な仕上げ
屋根・外壁／ガルバリウム鋼板
天井・内壁／シラス左官仕上げ
床／パイン材、畳

沖縄の花ブロックと植栽で、ほどよく仕切った外構。

コラム　ベガハウスの家づくり　代表・大迫学が語る

10 完成からはじまる家づくり

本当の家づくりは、完成してからはじまる。私たちはそう考えています。そして、つくるお手伝いをした私たちも一緒に家を育てていく必要があると考え、ベガイクと称して、引き渡し後から8ヵ月に1度、定期訪問を行っています。不具合がないか住まいの点検をすると共に、床のオイル拭きや障子の張り替え、庭木の手入れなどなど、メンテナンスのアドバイスをして一緒に手入れをしています。ただのアフターサービスではなく、家を通して生涯にわたってお付き合いを続けていく大切なコミュニケーション活動です。

私たちが目指すのは、〝愛される家〟、と前述しました。どんなに思いを込めて建てても、完成した時点ではまだ愛されているとは言えません。住みながら手入れをしていくことで、家への愛が育まれていくのです。時を重ねるごとに豊かになっていく、そういう家に一緒に育てていきたいと願っています。

Vega's suggestion

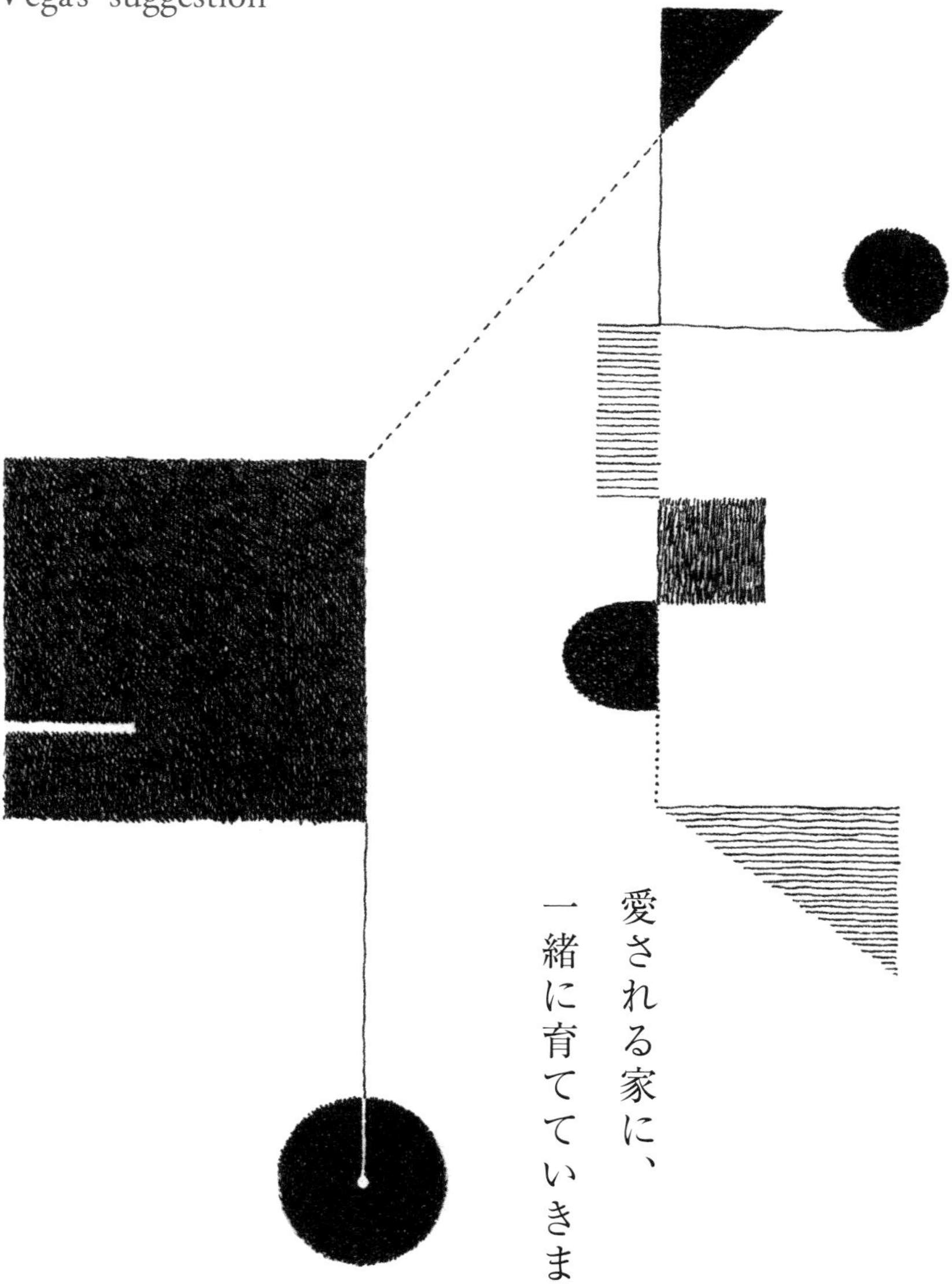

愛される家に、
一緒に育てていきましょう。

庭と一体となるリビング。木製建具の大きな窓が
庭を切り取り、室内に自然を呼び込む。

吉野の家Ⅲ

土間リビングで庭とつながる。
想像を超える、
新しい景色を見せてくれる家。

吹抜けのリビング・ダイニングは、
リビングだけ一段下げて
人造石研ぎ出しの土間にした。
掃出窓は、第二の玄関。
庭から直接出入りできる。

板間と土間、
大開口と小窓で、
変化に富んだＬＤＫ。

テレビ上の横長の
窓からも視線が抜け、
より開放的に。
吹抜けを通して
2階にもつながる。

小窓から朝日の入るダイニングスペース。
こちら側は接道していて、交通量もあるので、
高い位置に窓を設けて光と風景だけ取り入れた。

メリハリのきいた予算で、要望を実現

カメラマンのご主人とウェブデザイナーの奥様、そして5歳の息子さんの3人家族。クリエイティブな仕事をされているご夫婦のデザイン感度の高さは、室内をぐるっと見回しただけで伝わってきます。お二人はなぜ、家づくりのパートナーにベガハウスを選んだのでしょうか。

「さりげない、自然な感じが気に入りました。どちらかと言えば何の変哲もないくらい。だけど素材使いやデザインのクオリティが高い。とても好みでした。でも自分たちが家を建てられるとは思ってもいなかったので、とりあえず相談してみたんです。そうしたら大丈夫そうだと。それで土地探しからはじめました」とご主人。紆余曲折あってたどり着いたのが、この土地でした。４６４㎡という広さだけど、高台で下の土地との高低差があるため規制が多く、建物を建てられる場所はだいぶ狭まってしまうという土地。ですが、小さい家を望んでいたお二人にとっては十分な広さで、むしろそれで得られる広い庭が大きな魅力となりました。

タイニーハウスや山小屋にあこがれていたという奥様と、焼杉の外壁に土間のあるベガ荘（ベガハウスのゲストハウス）を見学し、「こんな感じがいい」とリクエスト。そこで提案されたのが、土間のあるコンパクトな2階建てでした。吹抜けのリビング・ダイニングは、土間のリビングに設けた大開口でなんとも開放感あふれる空間に。階高を抑えた2階は寝室とし、吹抜けに面してオープンなつくりにしたので、家全体がほぼ一室空間となっています。外壁も焼杉にして小屋のよう。

「メリハリのきいた予算使いで要望を実現してくれました。例えばリビングの木製建具。アルミサッシより高額だけど、どうしてもゆずれなくて、やりくりしてもらいました。コストの割り振りがうまいと思います」（ご主人）。

オープンなＬＤＫの一画にある和室。客間ともなる畳スペースは、家事や育児に活用。とても便利だそう。

右／ロフト的な2階。畳敷きの寝室には、
吹抜けに設置したエアコンの
上部スペースを活かしてベンチを設けた。
下／美しい木製建具の窓が、
階段の踊り場を上質な空間に演出。
スペースを有効活用した本棚は収納量もたっぷり。

移動しながら映る風景、
壁や天井を伝う光。
好きな空間で暮らせる幸せ。

inside story

人造石研ぎ出しの土間

庭に面して大きな開口部を設けたリビング（写真／上2点）は、人造石研《と》ぎ出し仕上げの土間。通称、人《じん》研《と》ぎといわれるもので、主にセメントと種石を混ぜ合わせたものを塗り、固まったら研磨機で研ぎ出す工法。昔は水回りや土間で用いる一般的な左官仕上げだったが、研ぎ出す時に粉塵が出るので、現在はあまり用いられなくなってしまった。しかしながら、削り出した表情やなめらかな質感は他の建材にはない持ち味。この広い敷地なら施工も可能と提案したところ、ご夫婦も気に入り採用となった。

色を決める際には、4つのサンプルを作成。グレー系で濃淡2種（写真／下、上は濃いグレー）、乳白色系で濃淡2種。最終的に、部屋の印象が明るくなるようにと乳白色の薄いものになった（写真／下、下）。床暖房は入れていないが、冬でも寒くなく、夏場はひんやりとして裸足で歩くと気持ちがいいそう。掃除もしやすいと好評だ。

広い敷地にこぢんまりと建つ、山小屋のような佇まい。2階建てだが、階高を抑えてコンパクトに。外壁の焼杉が、緑を鮮やかに映す。

迷ったら、長くなる時間で考える

住み始めて3年半。設計段階で、そして住んでからも様々な気づきがあったという奥様。

「家づくりで迷うことがあった時、ベガハウスさんに『一番長くなる時間で考えたほうがいいですよ』ってアドバイスをもらったんです。その時、はっとしました。子どもの成長や学校とか、近い将来についつい左右されがちだけど、数年で変わることに惑わされずに、長く住むために大切なことを優先すればいいんだって割り切れたんです」

長いスパンで見渡し、今を決める。家づくりに欠かせない考え方といえるでしょう。

「住んでからしか気づけなかったこともありました。窓から射す光や雨の当たり具合とか、そういうことを考えて設計してくれたんだと。それは想像を超えるものでしたね。信頼できるプロに任せて本当によかったです。それと、好きな空間で暮らせることの幸せと大切さも実感しました。楽しい時間はもちろんだけど、辛い時でも好きな空間にいるだけで癒やされるし、窓からきれいな月が見えたりすると励まされます、かんばろうって」

良い家は、住まい手に生きる力も与えてくれるようです。

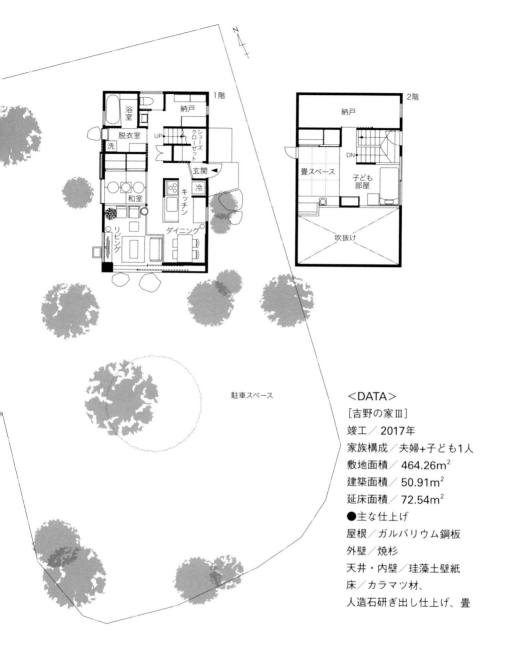

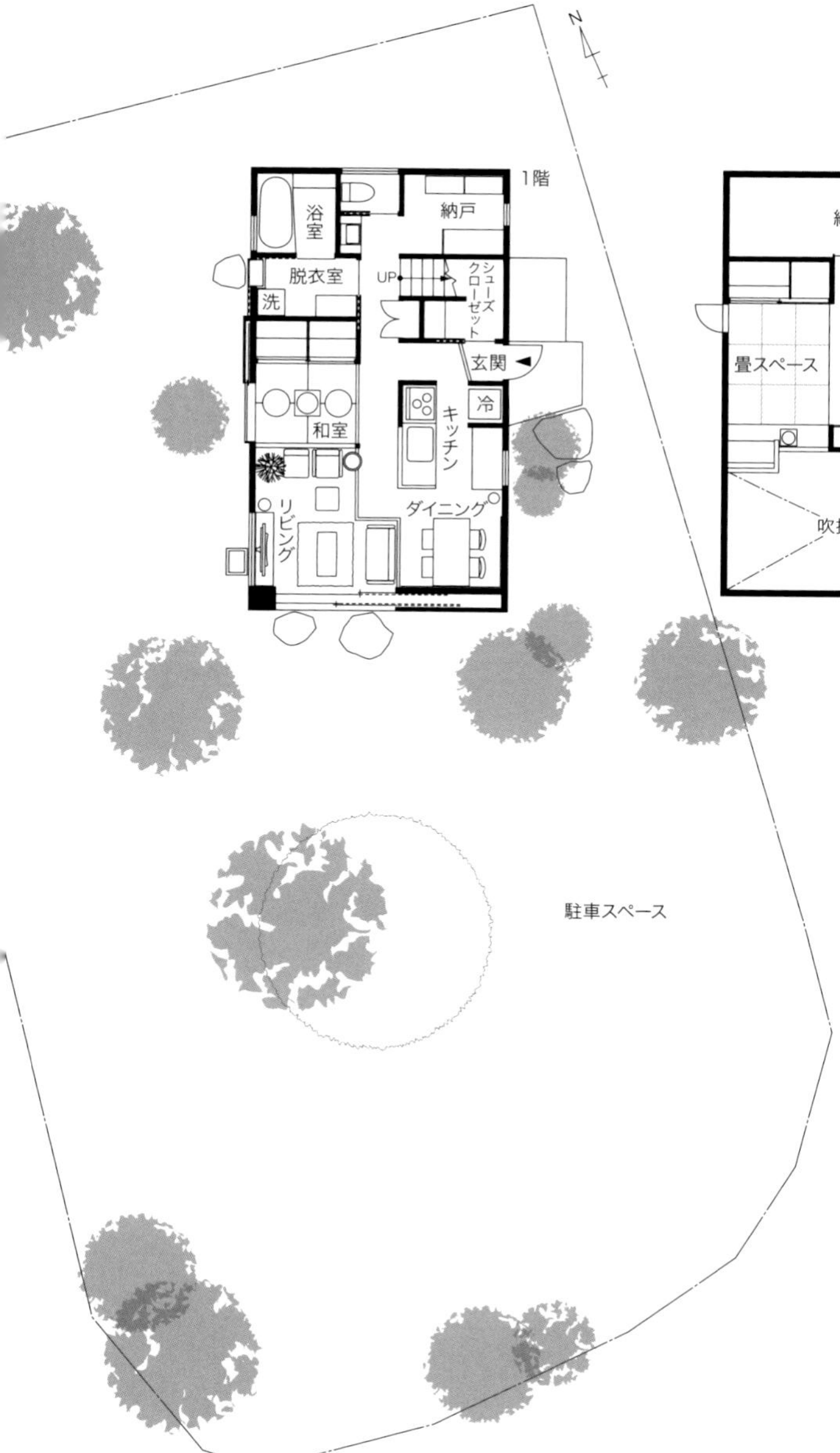

<DATA>

[吉野の家Ⅲ]

竣工／2017年

家族構成／夫婦+子ども1人

敷地面積／464.26m^2

建築面積／50.91m^2

延床面積／72.54m^2

●主な仕上げ

屋根／ガルバリウム鋼板

外壁／焼杉

天井・内壁／珪藻土壁紙

床／カラマツ材、

人造石研ぎ出し仕上げ、畳

おわりに

13軒の物語はいかがだったでしょうか。暮らしへの明確な考えをもった住まい手だからこそ紡ぐことのできた、その家族だけの家づくりだったと思います。ご協力いただいた施主の方々には、改めて心より感謝申し上げます。

このような様々な家づくりを通して、ベガハウスもたくさんの時をためることができました。ベガハウスの前身は、故・八幡常次が１９８６年に種を蒔いた徳栄建設です。2代目社長・八幡秀樹がベガハウスを設立し、鳥が集まってくる大きな木に育てました。そして２０１９年、その木から伸びた枝葉が２つの会社となりました。一つは、大工部門が独立した［トクエイ］。もう一つは、長年プランナーとしてベガハウスを支えてきた幸野成一が中心となってリノベーションに特化していく［ＩＦＯＯ］です。［トクエイ］と［ＩＦＯＯ］は八幡秀樹が社長を務め、ベガハウスは私・大迫学が3代目社長に就任しました。この3社の新たな体制で、家づくりに励んでいきたいと思います。

ベガハウスはこれからも変わらず、「完成してからはじまる家づくり」を旨に、完成後から8ヵ月ごとに訪ね、お施主さんとずっとお付き合いを続けていきます。施主と工務店の関係は一生続くことから結婚に例えられることもありますが、私たちは家づくりのパートナーから完成後は〝近くの親戚〟でありたいと思っています。「よく来るから親戚だと思っていたら、実は家を建てた人たちだったんだ」なんて、お子さんたちに思ってもらえたら本望です。親戚というのは困った時に手伝いにいく間柄でもあります。〝近く〟であることも大切。何かあればすぐ手伝いにいける関係、だから〝近くの親戚〟なのです。近年は災害も頻発しており、なおさらその思いをつのらせているところです。もし不幸が降りかかってきても、それを受け止め、負けずに、むしろ以前よりよい方に転じていく、そのお手伝いができる存在でありたいと強く願っています。

ベガハウスの家づくりは、困った時も、うれしい時も、どちらもわかち合える親戚づくりといえるかもしれません。そういう親戚を増やし、一緒に悲喜こもごもの時をためていきたいと考えています。

そして、この13軒のこれからの10年をためた一冊を、再びお届けできたらと思っています。10年後、またお目にかかりましょう。

２０２０年８月　ベガハウス代表　大迫学

編集・文／内田みえ
写真／島崎智成
アートディレクター／山口信博
デザイン／玉井一平（山口デザイン事務所）
イラスト／shunshun
図面トレース／長岡伸行

暮らしを建てる　ベガハウスの家づくり

２０２０年９月30日　初版第一刷発行

発行者　大迫 学
発行　株式会社ベガハウス
〒８９９－２７０１
鹿児島県鹿児島市石谷町３６２４－９
電話　０９９－２９５－０７８８
https://www.vegahouse.biz

発売　株式会社建築資料研究社
〒１７１－００１４
東京都豊島区池袋２－10－７
ビルディングＫ ６Ｆ
電話　０３－３９８６－３２３９

印刷　株式会社東京印書館

ISBN 978-4-86358-654-3

VEGA HOUSE